"十四五"职业教育河南省规划教材

幼儿园保育

YOUERYUAN BAOYU

张　磊　王玉红●主编

河南大学出版社
HENAN UNIVERSITY PRESS
·郑州·

图书在版编目（CIP）数据

幼儿园保育 / 张磊，王玉红主编 . -- 郑州 : 河南大学出版社，2023.11

ISBN 978-7-5649-5683-7

Ⅰ . ①幼… Ⅱ . ①张… ②王… Ⅲ . ①幼儿园—工作 Ⅳ . ① G617

中国国家版本馆 CIP 数据核字（2023）第 231406 号

责任编辑 屈琳玉
责任校对 陈 巧
封面设计 郭 灿

出 版 河南大学出版社
地址：郑州市郑东新区商务外环中华大厦 2401 号 邮编：450046
电话：0371-86059701（营销部） 网址：hupress. henu. edu. cn
排 版 郑州市今日文教印制有限公司
印 刷 河南华彩实业有限公司
版 次 2023 年 11 月第 1 版 **印 次** 2023 年 11 月第 1 次印刷
开 本 787 mm×1092 mm 1/16 **印 张** 12. 25
字 数 226 千字 **定 价** 49. 00 元

编委会名单

主　编　张　磊　王玉红

副主编　司海艳　张静蕴　张聪慧

编　委　（按姓氏笔画排序）

于　静　孔　贝　申金平　刘相娜　杨　爽

李　鸽　李文龙　邹清华　胡书英　钱伟顺

前　言

为落实《国家职业教育改革实施方案》中提出的“倡导使用新型活页式、工作手册式教材并配套开发信息化资源”要求，更好满足婴幼儿托育保育领域高质量发展对技术技能人才的需求，提高人才培养质量，根据中等职业教育幼儿保育专业人才培养要求，结合“幼儿园保育”课程作为专业核心课程的定位，我们组织编写了新型活页式、工作手册式《幼儿园保育》教材。

本教材的开发坚持正确的政治方向和价值导向，落实立德树人和课程思政要求，遵循教材开发建设、职业教育教学、技术技能人才成长的规律，依据《幼儿园保育教育质量评估指南》《托育机构保育指导大纲（试行）》《保育师国家职业技能标准（2021 年版）》等文件规范要求，一方面立足岗位实际，以职业能力为基本教学单位构建模块化课程内容，实现教材的活页式；另一方面立足实践教学需要，突出活动本位，阐述具有普遍性、科学性、教育性的实践操作方法知识，提炼操作过程中可能遇到的问题，并提供最为恰当的解决策略，实现教材的工作手册式。本教材在帮助学生掌握幼儿保育知识和技能的同时，还关注学生教育情怀和职业素养的培养。

习近平总书记指出：“推进教育数字化，建设全民终身学习的学习型社会、学习型大国。”本教材作为国家精品在线开放课程配套教材，为学习任务提供了丰富的微课视频、实操视频、学习课件、在线试题、主题讨论等数字化学习资源，支持学生自主学习，也为教师教学提供了便利。

本教材共四个项目，二十个学习任务：项目一为环境卫生管理，包括环境卫生与消毒、物品卫生与消毒、物品与设备管理三个学习任务。项目二为生活活动保育，包括幼儿来园、离园保育，幼儿进餐保育，幼儿饮水保育，幼儿盥洗保育，幼儿如厕保育，幼儿午睡保育六个学习任务。项目三为教育活动保育，包括室内活动前的准备、室内活动中的配合、室内活动后的整理、室外活动前的准备、室外活动中的配合、室外活动后的整理六个学习任务。项目四为安全与健康管理，包括日常健康观察、幼儿园常用护理技术、幼儿常见意外伤害的预防与应急处理、幼儿园常见突发事件的预防与应急处理、幼儿安全意识的培养五个学习任务。

本教材既能满足中等职业学校幼儿保育专业学生的专业知识技能学习需求，还可用于托幼园所保教人员在职培训及幼儿保育知识技能的普及。

本教材的编写得到了许昌幼儿师范学校、许昌市城乡一体化示范区实验幼儿园的大力支持，在此表示感谢。

由于编者能力、经验所限，本教材难免存在一些不足，恳请广大读者朋友提出宝贵意见。

编者

2023 年 10 月

目　录

绪论 幼儿园保育工作概述

一、保育工作的概念

保育是指成人为0—6岁儿童提供生存与发展必需的环境和物质条件，给予他们精心的保护、照顾和养育，促进其身心健康发展。它包括对儿童身体的照护和心理发展的促进。

《保育师国家职业技能标准(2021年版)》对保育师的职业定义是："在托育机构及其他保育场所中，从事婴幼儿生活照料、安全看护、营养喂养和早期发展工作的人员。"保育师职业能力特征包括：身心健康，人格健全；热爱婴幼儿，认真负责；亲切和蔼，善于沟通；观察力敏锐，身体灵活。保育师职业共设五个等级，分别为：五级/初级工、四级/中级工、三级/高级工、二级/技师、一级/高级技师。

保育和教育是幼儿园担负的双重工作任务，保教结合是幼儿园工作必须坚持的基本原则。《幼儿园保育教育质量评估指南》中强调："推动树立科学保育教育理念，全面提高幼儿园保育教育水平，为培养德智体美劳全面发展的社会主义建设者和接班人奠定坚实基础。"保育师作为实施幼儿园保育工作的主要群体，必须坚持儿童为本，尊重幼儿年龄特点和成长规律，注重幼儿发展的整体性和连续性，坚持保教结合，有效促进幼儿身心健康发展。

二、幼儿园保育工作职责

《保育师国家职业技能标准(2021年版)》对保育师的职业守则做了明确要求："品德高尚，富有爱心；敬业奉献，素质优良；尊重差异，积极回应；安全健康，科学规范。"

《幼儿园工作规程》对保育工作人员的工作职责也做了明确规定："负责本班房舍、设备、环境的清洁卫生和消毒工作；在教师指导下，科学照料和管理幼儿生活，并配合本班教师组织教育活动；在卫生保健人员和本班教师指导下，严格执行幼儿园安全、卫生保健制度；妥善保管幼儿衣物和本班的设备、用具。"

三、幼儿园保育工作内容

幼儿园保育工作内容包括环境卫生管理、生活活动保育、教育活动保育、安全与健康管理等四个方面：

（一）环境卫生管理

1. 环境卫生与消毒
2. 物品卫生与消毒
3. 物品与设备管理

（二）生活活动保育

1. 幼儿来园、离园保育
2. 幼儿进餐保育
3. 幼儿饮水保育
4. 幼儿盥洗保育
5. 幼儿如厕保育
6. 幼儿午睡保育

（三）教育活动保育

1. 室内活动前的准备
2. 室内活动中的配合
3. 室内活动后的整理
4. 室外活动前的准备
5. 室外活动中的配合
6. 室外活动后的整理

（四）安全与健康管理

1. 日常健康观察
2. 幼儿园常用护理技术
3. 幼儿常见意外伤害的预防与应急处理
4. 幼儿园常见突发事件的预防与应急处理
5. 幼儿安全意识的培养

项目一

环境卫生管理

任务一　环境卫生与消毒

学习目标

知识目标：能掌握并描述环境卫生与消毒的意义和制度、环境卫生与消毒的工作任务以及工作要点。

能力目标：能按照环境卫生与消毒的工作任务要求，主动获取并整理有效信息，正确开展岗位情景演练，乐于展示成果、善于总结反思，提高职业能力。

素养目标：能积极参加学习和实操，涵养教育情怀，感悟环境卫生与消毒工作中蕴含的劳动精神和爱岗敬业精神，提高职业素养。

学习准备

资源预学：

微课视频资源：环境卫生与消毒的意义和制度，次氯酸钠类消毒剂

实操视频资源：环境卫生与消毒的工作任务

资料收集：

通过互联网查找、图书馆查阅、调研咨询等方式收集并整理环境卫生与消毒工作相关资料。

情境描述

《幼儿园教育指导纲要(试行)》明确指出:“幼儿园必须把保护幼儿的生命和促进幼儿的健康放在工作的首位。”因此,幼儿园工作的重中之重,就是做好卫生安全工作,其中就包括环境卫生与消毒。

引导问题

星星幼儿园中三班发现多名幼儿出现呕吐、头晕等不适症状。经过调查发现,中三班保育师对于班级内环境卫生消毒不到位,未能保持班级内环境卫生干净整洁,造成致病微生物繁殖,从而导致幼儿出现了不适症状。幼儿园是幼儿生活和学习的场所,做好园内环境卫生与消毒工作显得尤为重要,那么,作为一名保育师:

1. 你如何理解幼儿园环境卫生与消毒的意义?

2. 你认为幼儿园环境卫生与消毒制度有哪些?

3. 你认为应如何做好幼儿园环境卫生与消毒工作?

任务实施

幼儿园环境卫生与消毒工作情景演练

实施背景

在幼儿园环境卫生与消毒工作中,经常会遇到对环境卫生与消毒工作认识不到位、清洁不细致、方法不科学等问题。

实施准备

实训环境:幼儿园仿真实训室、网络学习终端。

组建小组：学生按照“同组异质、异组同质”原则自由组建，每组 4—6 人。

实施内容

借助线上线下各类资源，选取某个清洁问题，开展幼儿园环境卫生与消毒工作情景演练。

实施过程

1. 教师向各小组提出任务要求；
2. 各小组按要求开展研讨、撰写方案；
3. 各小组按本组方案进行演练准备；
4. 各小组依次进行保育工作情景演练展示，演练的同时有小组成员在一旁解说。

解说词：

____

____

____

实施反思

1. 其他小组的展示，你最喜欢哪个？试对其进行评价。

____

____

2. 看过其他小组的展示后，你认为本组的展示有哪些地方可以改进？

____

____

3. 通过参加幼儿保育工作情景演练，你有哪些收获和感悟？

____

____

讨论记录

____

____

____

巩固练习

【单选题】

1. 每次开窗通风的时间应该是在(　　)。

　A. 5 分钟左右　　B. 15 分钟以上

　C. 1—5 分钟　　D. 5—10 分钟

2. 扫地时，为了避免尘土飞扬，应采用(　　)方法。

　A. 干性扫地　　B. 从左向右扫

　C. 湿性扫地　　D. 从前向后扫

3. 幼儿园公共区域卫生实行(　　)制。

　A. 随机分配　　B. 自己挑选

　C. 划片包干　　D. 无人管理

【判断题】

1. 保育师要定时对幼儿寝具进行消毒，保持被褥干爽，寝具卫生安全。(　　)

2. 冬季天气较冷，可以不用定时开窗通风换气。(　　)

3. 幼儿毛巾一人一条，摆放整齐，保持毛巾干爽、清洁，两天清洗消毒一次。(　　)

任务评价

任务评价表

班级：　　　　姓名：　　　　学号：

评价项目	评价内容和标准	个人自评(0—20 分)	小组评价(0—30 分)	教师评价(0—50 分)
知识技能	能掌握环境卫生与消毒的意义和制度、环境卫生与消毒的工作任务以及工作要点。			
职业能力	能按照环境卫生与消毒的工作任务要求，主动获取并整理有效信息，正确开展岗位情景演练，乐于展示成果、善于总结反思，提高职业能力。			
职业素养	能积极参加学习和实操，涵养教育情怀，感悟环境卫生与消毒保育工作中蕴含的劳动精神和爱岗敬业精神，提高职业素养。			
总评分				
任务反思				

学习支持

一、环境卫生与消毒的意义

（一）环境卫生与消毒是幼儿身心健康的有效保障

活动室、寝室是幼儿每日生活与活动的主要场所，其清洁程度将直接影响幼儿的身体健康和正常教育教学活动的开展。因此，活动室与寝室的良好卫生状况是幼儿身心健康的有效保障。

（二）环境卫生与消毒有利于幼儿养成良好的生活卫生习惯

幼儿入园后，在园时间长，在家时间相应缩短。幼儿良好的环境卫生状况和保育师平时对幼儿进行的卫生习惯培养将潜移默化地影响幼儿良好生活习惯的养成。

（三）环境卫生与消毒可有效预防各类传染病

托幼机构环境的卫生与消毒，可以避免病毒、细菌的滋生与传播，有效预防和减少托幼机构传染病的发生，保证幼儿的身心健康。

幼儿园要有效地指导家长做好家庭卫生与消毒工作，帮助幼儿形成良好的卫生习惯，共同保障环境的清洁卫生。

二、环境卫生与消毒制度

（一）活动室、寝室

(1) 建立健全环境清扫制度。分片包干，定人、定点，每周检查，评比公示。

(2) 玩、教具要保持清洁，经常清洗，保育师或助理教师每周做好消毒工作。

(3) 经常保持室内空气流通，阳光充足，冬季也要定时开窗通风换气。

(4) 门窗洁净，窗帘干净避光，保持室内无异味。

(5) 寝室床位摆放协调、统一，床面干净，床上用品摆放整齐、有序，无杂物。

(6) 定时对幼儿寝具进行消毒，保持被褥干爽，寝具卫生安全。

(7) 室内要有防蝇、防蚊、防暑和取暖设备，并保持设备清洁。

（二）盥洗室、卫生间

(1) 建立健全盥洗室卫生清扫制度。定人、定点、定期清除垃圾，每周检查，评比公示。

(2) 天花板、墙面每周打扫一次，去除蛛网和灰尘，墙面不乱挂杂物。

(3) 地面无污渍、无积水、无垃圾、无杂物。

(4) 水池整洁干净，下水道无污物。

(5) 大小便池清洁通畅，无水垢、无尿碱、无异味及其他污染物。

(6) 幼儿毛巾一人一条，摆放整齐，保持毛巾干爽、清洁，每天清洗消毒。

(7) 香皂、洗手液、卫生纸供应充足，随时补充。

(8) 清洁卫生用品干净整洁，摆放整齐有序。

(9) 保证盥洗室空气流通，无异味。

(三) 公共区域

(1) 公共区域卫生实行划片包干制。各区域卫生由幼儿园各班级专人负责清理，责任到岗、到人。

(2) 公共区域卫生定期检查制。除每周固定检查一次外，每天不定时检查，发现问题及时整改。

(3) 公共区域卫生清扫制。公共区域卫生定时、定点、定人进行清洁，做到窗明几净，地面光洁无渍，墙面无污无尘，台面无水迹、无污染。

(4) 公共区域卫生与消毒。公共区域要定期消毒，门把手、水龙头、楼梯扶手、地面、空气等定期消毒。

三、环境卫生与消毒的工作任务

(一) 活动室、寝室卫生与消毒工作

1. 空气卫生与消毒

方式一：开窗通风

在外界温度适宜、空气质量较好、保障安全性的条件下，应采取持续开窗通风的方式。夏季高温天气、冬季雨雪天气每日也须定时开窗通风2—3次，每次15分钟以上。

方式二：紫外线消毒灯消毒

日常情况下，每周须使用消毒灯消毒一次；在传染病流行期间，须每日使用消毒灯消毒空气，持续两周。不具备开窗通风空气消毒条件时，每日要使用紫外线消毒灯消毒。

【注意】使用消毒灯时，必须选择幼儿不在室内的时间。

2. 物体表面卫生与消毒

日常清洁卫生，桌椅、门把手、玩具柜等物体表面，每日用清水擦拭 2 遍。在传染病流行期间，物体表面卫生与消毒采用“清—消—清”的方式，即第一遍用清水擦拭，第二遍用消毒液擦拭，第三遍再用清水擦拭，去除消毒液残留，传染病流行期过

后恢复日常清洁卫生。

【注意】擦拭玩具柜、教具柜时，要把玩、教具取出，架子里面的浮灰也要擦干净，不留死角。

3. 地面卫生与消毒

活动室、寝室地面卫生采用湿性清扫，每日下班前扫干净，用清水拖一遍，第二天早上再拖一遍。传染病流行期间，第一遍清水拖地，第二遍消毒液拖地，最后再用清水拖一遍。

【注意】国家卫生部2012年颁发的《托儿所幼儿园卫生保健工作规范》明确规定，对托幼机构环境和物品进行预防性消毒时，要使用次氯酸钠类消毒剂。

（二）盥洗室、卫生间卫生与消毒工作

1. 洗手池卫生与消毒

洗手池每日洗刷，用去污粉擦拭水池台面，将油污、水渍、污物清除干净，再用清水擦拭1—2遍，保证水池光滑、清洁、无异味。洗手池台面擦拭干净后，给儿童准备香皂或洗手液，香皂不宜过大，可分成正常香皂的二分之一或四分之一大小；不用网套套装，容易滋生霉菌。

2. 便池卫生与消毒

便池先用洁厕剂浸泡10—15分钟，然后对池子底部、下水道管口等位置进行重点冲洗，保证无尿渍、无异味。

3. 扶手、墙面卫生与消毒

卫生间扶手、墙面瓷砖随脏随擦，采用“清—消—清”的方法进行擦拭，即先用清水擦拭一遍，再用消毒液擦拭一遍，最后用清水擦拭，避免消毒液残留。

4. 地面卫生与消毒

地面每日上下午各拖一次。保持地面干燥，地面上的水渍要及时拖干，或用隔水地垫，以防幼儿滑倒。

（三）公共区域卫生与消毒工作

班级包干的公共区域，清扫时间为晨间儿童户外活动之前。

1. 楼道卫生的清理

第1步，清理墙面的灰尘。如果是油漆或木制墙裙，可以用潮湿的抹布从上向下、从里向外进行擦拭。注意，要保护好班级的墙面布置。一般每周清理一次。

第2步，清理窗户。先取下纱窗，用水冲洗、控干。再用湿抹布擦拭窗框。擦玻璃的时候，先用湿抹布擦，再用干抹布擦。最后擦窗台。

第 3 步，清洁楼道地面。先扫地，再拖地。扫地的时候，要用扫把压住地面，慢慢往前扫，防止尘土飞扬。拖地的时候，可以倒退着拖。拖布要勤洗，保证地面清洁、干净。

2. 楼梯卫生与消毒工作

第 1 步，把楼梯每个台阶仔细清扫干净。在拖台阶的时候，避免把污水甩到墙面和扶手上。

第 2 步，采用“清—消—清”的方式，先用湿抹布从上向下、从头到尾将栏杆、扶手擦拭干净，再用沾了消毒液的抹布擦拭一遍，最后用清水擦拭，避免消毒液残留。

第 3 步，如果是油漆或木质墙裙，用湿抹布从上向下把拖地时留下的泥点擦拭干净。如果有饰品，打扫的时候要注意保护。

【拓展延伸】

次氯酸钠类消毒剂

国家卫生部 2012 年颁发的《托儿所幼儿园卫生保健工作规范》明确规定，对托幼机构环境和物品进行预防性消毒时，要使用次氯酸钠类消毒剂。

次氯酸钠类消毒剂是一种高效消毒剂，能杀灭包括细菌芽孢在内的各种微生物，主要用于耐腐蚀用品的消毒、卫生洁具的消毒、餐具的消毒、分泌物和排泄物的消毒、环境的消毒等。

1. 次氯酸钠类消毒剂使用方法

根据消毒物品的特点，可采用浸泡法、擦拭法和喷洒法消毒。

2. 次氯酸钠类消毒剂配制的基本步骤

第一步：做好消毒剂配制前的准备。准备一个有标记的消毒专用盆、量杯和专用橡胶手套或一次性塑料手套，避免消毒剂直接接触人体对人体产生伤害。

第二步：掌握次氯酸钠原液中的有效氯含量。

第三步：根据不同消毒对象及物品，确定需配制消毒剂中的有效氯含量。

第四步：算出需配制消毒的原液用量，并进行配制。

在实际工作中，一般由园所保健人员统一做好计算，并统一提供配制方法及统一的标有刻度或标记的容器来进行配制。

3. 使用次氯酸钠类消毒剂时的注意事项

(1) 次氯酸钠类消毒剂不稳定，易分解。稀释液更不稳定，必须现用现配制，不能存放和连续使用。

(2) 对金属有腐蚀性，对织物有破坏和漂白作用。

(3) 浸泡消毒的物品放入消毒剂溶液中要加盖。

(4) 使用喷洒法消毒时，喷洒在污物的表面上，喷洒液量以潮湿为度。

4. 次氯酸钠类消毒剂允许的使用浓度及使用条件

在对不同物品进行消毒时，要根据物品的性质及消毒的目的配制不同浓度的消毒剂，严格遵守消毒剂作用时间的要求，确保达到最佳的消毒效果。

任务二　物品卫生与消毒

学习目标

知识目标：能理解并掌握幼儿园物品卫生与消毒的工作意义、工作任务。

能力目标：能按照幼儿园物品卫生与消毒的工作要求准确操作，正确开展岗位情景演练，乐于展示成果、善于总结反思，提高职业能力。

素养目标：能积极参加学习和实操，涵养教育情怀，感悟幼儿园物品卫生与消毒工作中蕴含的劳动精神和爱岗敬业精神，提高职业素养。

学习准备

资源预学：

微课视频资源：物品卫生与消毒的意义

实操视频资源：物品卫生与消毒的工作任务

资料收集：

通过互联网查找、图书馆查阅、调研咨询等方式收集并整理幼儿园物品卫生与消毒工作的相关资料。

情境描述

《幼儿园教育指导纲要(试行)》明确指出:“幼儿园必须把保护幼儿的生命和促进幼儿的健康放在工作的首位。”因此,幼儿园工作的重中之重,就是做好卫生安全工作,其中就包括物品卫生与消毒。

引导问题

对于刚参加工作不久的保育师小兰老师来说,消毒玩具真是一件难办的事。她并不知道,不同的玩具有不同的消毒方法,因此,她每次都是一股脑儿地把所有玩具浸泡在消毒液里。这不,班上的彩色积木被这样消毒后,表面的油漆部分脱落,看起来斑驳、暗淡,很不美观。不仅幼儿不喜欢褪色的玩具,就连检查卫生的领导也批评她做事不动脑筋。挨了批评,小兰老师也很委屈,之后每次清洗玩具时都是提心吊胆,恐怕再犯类似错误。(选自语文出版社《保育员工作的99个问答》)

1. 案例中保育师小兰老师遇到了什么问题?出现这个问题的原因有哪些?

____

____

____

2. 你可以帮助保育师小兰老师吗?说一说你想到了哪些解决办法。

____

____

____

3. 作为一名保育师,你怎么理解幼儿园物品卫生与消毒的意义?

____

____

____

任务实施

幼儿园物品卫生与消毒工作情景演练

实施背景

在幼儿园物品卫生与消毒工作中,经常会遇到物品卫生与消毒方法不科学、不适宜的问题。

实施准备

实训环境：幼儿园仿真实训室、网络学习终端。

组建小组：学生按照“同组异质、异组同质”原则组建，每组 4—6 人。

实施内容

借助线上线下各类资源，选取幼儿园某类物品，开展幼儿园物品卫生与消毒工作情景演练。

实施过程

1. 教师向各小组提出任务要求；
2. 各小组按要求开展研讨、撰写方案；
3. 各小组按本组方案进行演练准备；
4. 各小组依次进行保育工作情景演练展示，演练的同时有小组成员在一旁解说。

解说词：

____

____

____

实施反思

1. 其他小组的展示，你最喜欢哪个？试对其进行评价。

____

____

2. 看过其他小组的展示后，你认为本组的展示有哪些地方可以改进？

____

____

3. 通过参加幼儿保育工作情景演练，你有哪些收获和感悟？

____

____

讨论记录

____

____

____

巩固练习

【单选题】

1. 关于餐具的清洗和消毒,下列说法错误的是(   )。

   A. 用高温消毒柜进行餐具消毒

   B. 餐具可以等消毒后再分班

   C. 消过毒的餐具要放入保洁柜或饭菜存放间保洁

   D. 餐具要分班消毒

2. 不能用消毒液浸泡的是(   )。

   A. 幼儿擦手毛巾　　B. 抹布、拖把

   C. 餐巾　　D. 洗脸盆

3. 不能湿式擦拭的玩具,可放在日光下晾晒,不相互叠夹,时间不低于(   )小时。

   A. 6　　B. 5

   C. 4　　D. 3

【判断题】

1. 患病幼儿或检疫班级使用的餐、饮具要独立清洗、消毒、摆放。(   )

2. 将餐具消毒后再分班,容易造成二次污染。(   )

任务评价

任务评价表

班级:　　　　姓名:　　　　学号:

评价项目	评价内容和标准	个人自评 (0—20分)	小组评价 (0—30分)	教师评价 (0—50分)
知识技能	能理解并掌握幼儿园物品卫生与消毒的工作意义、工作任务。			
职业能力	能按照幼儿园物品卫生与消毒的工作要求准确操作,正确开展岗位情景演练,乐于展示成果、善于总结反思,提高职业能力。			

续表

评价项目	评价内容和标准	个人自评（0—20分）	小组评价（0—30分）	教师评价（0—50分）
职业素养	能积极参加学习和实操，涵养教育情怀，感悟幼儿园物品卫生与消毒工作中蕴含的劳动精神和爱岗敬业精神，提高职业素养。			
总评分				
任务反思				

学习支持

一、幼儿园物品卫生与消毒的意义

(1) 幼儿园的物品卫生与消毒工作关系到幼儿的健康成长。做好物品卫生与消毒工作可以为幼儿创造良好的生活环境，培养幼儿养成健康的生活习惯，保障幼儿的身心健康。

(2) 幼儿园的物品卫生与消毒工作关系到幼儿的生命安全。对幼儿所接触的各种物品进行消毒是一项重要工作，尤其在传染病高发时期更是重中之重。幼儿年龄小，身体抵抗力差，做好物品卫生与消毒工作可以把传染源隔离或消灭在萌芽状态，可以预防、控制传染病，降低常见病的发病率，减少或杜绝不安全事件的发生。

二、幼儿园物品卫生与消毒的工作任务

(一) 餐、饮具的卫生与消毒工作

1. 餐具

餐具的清洗和消毒要做到一刮、二洗、三冲、四消毒、五保洁。

(1) 餐具一律在食堂清洗消毒。餐具从班上收回至食堂，要摆放在专用的桌上或货架上，不允许堆放在地上。餐具收回时，要清除剩余饭菜，把残留物倒入收残桶。

(2) 先用专用洗碗剂清除油垢，然后用清水冲洗干净，一般清洗三遍。

(3) 用高温消毒柜进行餐具消毒。餐具消毒要分班消毒，消毒时间为每日上午蒸饭前。

(4)消毒后按班保洁存放。将消毒好的餐具放入保洁柜或饭菜存放间保洁，不得将餐具消毒后再分班，容易造成二次污染。

需要特别注意的是，患病幼儿或检疫班级使用的餐、饮具要独立清洗、消毒、摆放。

2. 水杯

清洗幼儿水杯，先用专用洗涤剂清洗一遍，然后用清水冲洗两遍。条件允许时，水杯应送入食堂消毒柜进行集中消毒，或蒸汽消毒15分钟。蒸汽消毒时，水杯应疏松放置，水开后开始计算时间，中途添加物品须重新计算时间。

幼儿水杯每日消毒两次，上午喝豆浆或牛奶后清洗消毒一次，下午幼儿离园后清洗，第二天早上来园后消毒。如果上午只喝开水，没有喝牛奶或豆浆，水杯可不用二次消毒。

3. 班级保温桶

班级里装开水的保温桶要每天清洗消毒，用消毒液擦拭桶的四周、盖子、水龙头和出水口，然后用清水将桶的里外都冲洗干净。

(二)毛纺织品的卫生与消毒工作

幼儿园常用的毛纺织品包括擦手毛巾、擦嘴餐巾、洗澡毛巾、被褥、床单、枕套、窗帘、服装、抹布、拖把等。

1. 毛巾、餐巾

毛巾、餐巾可用蒸汽消毒10分钟。消毒时要散开放，不要叠放，便于蒸汽流通。使用高温消毒柜消毒时，毛巾可散放，略潮湿可加盖，以防毛巾烤煳。

擦手毛巾要每日清洗消毒。先用肥皂搓洗，再用清水冲洗干净，放在阳光下照射4—6小时，不相互叠夹。用消毒液浸泡擦手毛巾进行消毒时，要按消毒液包装说明配比，浸泡时间20分钟，消毒后用清水将残留氯冲洗干净。

使用后的餐巾先用肥皂水搓洗，再用清水冲洗干净，每日上午就餐前在高温消毒柜中进行消毒。餐巾不用消毒液浸泡。

幼儿洗澡毛巾应专人专用，包裹幼儿的大浴巾可以几个人合用一条，每次使用后清洗，用洗衣机洗干净，曝晒4—6小时，每隔一小时翻晒一次。

2. 被褥、窗帘

(1)被褥每两周曝晒一次，每次晒4—6小时，晾晒时不相互叠夹。

(2)被套、床单、枕套每月清洗一次。可由家长带回家清洗。

(3)窗帘每学期清洗一次。

(4) 夏天如果使用凉席，每日用热水抹一遍，每周用消毒液抹一遍。

3. 抹布、拖把

抹布、拖把每次使用后用肥皂水、清水冲洗干净，可每日用消毒液浸泡，时间为 20 分钟。抹布、拖把消毒后可直接控干或晾干存放。抹布也可用蒸汽消毒 10—15 分钟，或用消毒液浸泡。

（三）桌、椅等家具的卫生与消毒工作

(1) 早上用清水抹去桌面的浮灰，幼儿上午和下午吃点心前，用清水将桌面擦干净。午餐或晚餐前，桌面要“清—消—清”，即桌面擦三遍，第一遍用清水、第二遍用消毒液、第三遍用清水。每擦完一张桌子，抹布需要搓洗一下。

(2) 小椅子每日晨间用清水擦一遍，中大班幼儿可在教师组织下自己擦小椅子。传染病流行季节每日用消毒液擦一次。

(3) 玩具柜等其他家具每日用清水擦一次，传染病流行季节加一次消毒液擦拭。

（四）玩具、教具、图书、锻炼器具等的卫生与消毒工作

(1) 图书每周至少通风晾晒一次，定期更新。可放在日光下晾晒，不相互叠夹，时间不低于 6 小时。

(2) 可以湿式擦拭的玩具可用清水擦拭或清洗。塑料玩具先用肥皂水清洗，再用清水冲干净；铁质玩具用水清洗后，马上擦干晾晒；木质玩具不宜水洗。每周用消毒液擦拭玩具，表面擦拭或浸泡消毒 10—30 分钟。但要注意，一些玩具用消毒液浸泡会使颜色脱落。不能湿式擦拭的玩具，可放在日光下晾晒，不相互叠夹，时间不低于 6 小时。

(3) 体格锻炼玩具，每月用肥皂水刷洗，再用清水冲干净。

(4) 幼儿在美工课上使用的剪刀，每月清洁消毒一次，可先用清水擦拭，再用消毒液擦拭一遍。

(5) 给幼儿剪指甲的剪刀和指甲钳，每次使用后用肥皂水清洗，用清水冲干净擦干，也可用消毒液或酒精擦拭。

（五）寄宿制园所内牙刷、脸盆、脚盆等的卫生与消毒工作

(1) 幼儿的牙刷专人专用，每 3 个月更换一次。

(2) 脸盆、脚盆每日用消毒液浸泡，浸泡时间 20—30 分钟。

(3) 洗脸和洗脚毛巾每日消毒，使用高温消毒或消毒液浸泡，浸泡消毒 20—30 分钟，然后用清水冲干净，去除残留氯。

(4) 幼儿的拖鞋专人专用，每月洗刷曝晒一次。

【拓展延伸】

国家卫生部2012年发布的《托儿所幼儿园卫生保健工作规范》明确规定，幼儿园要使用符合国家标准或规定的消毒器械和消毒剂。

托幼机构环境和物品预防性消毒方法

消毒对象	物理消毒方法	化学消毒方法	备注
空气	开窗通风每日至少2次；每次至少10—15分钟。		在外界温度适宜、空气质量较好、保障安全性的条件下，应采取持续开窗通风的方式。
	采用紫外线杀菌灯进行照射消毒每日1次，每次持续照射时间60分钟。		1. 不具备开窗通风空气消毒条件时使用。 2. 应使用移动式紫外线杀菌灯。按照每立方米1.5瓦计算紫外线杀菌灯管需要量。 3. 禁止紫外线杀菌灯照射人体体表。 4. 采用反向式紫外线杀菌灯在室内有人环境持续照射消毒时，应使用无臭氧式紫外线杀菌灯。
餐具、炊具、水杯	煮沸消毒15分钟或蒸汽消毒10分钟。		1. 对食具必须先去残渣、清洗后再进行消毒。 2. 煮沸消毒时，被煮物品应全部浸没在水中；蒸汽消毒时，被蒸物品应疏松放置，水沸后开始计算时间。
	餐具消毒柜、消毒碗柜消毒。 按产品说明使用。		1. 使用符合国家标准规定的产品。 2. 保洁柜无消毒作用。不得用保洁柜代替消毒柜进行消毒。
毛巾类织物	用洗涤剂清洗干净后，置阳光直接照射下曝晒干燥。		曝晒时不得相互叠夹。曝晒时间不低于6小时。
	煮沸消毒15分钟或蒸汽消毒10分钟。		煮沸消毒时，被煮物品应全部浸没在水中；蒸汽消毒时，被蒸物品应疏松放置。
		使用次氯酸钠类消毒剂消毒。 使用浓度为有效氯250—400 mg/L，浸泡消毒20分钟。	消毒时将织物全部浸没在消毒液中，消毒后用生活饮用水将残留消毒剂冲净。
抹布	煮沸消毒15分钟或蒸汽消毒10分钟。		煮沸消毒时，抹布应全部浸没在水中；蒸汽消毒时，抹布应疏松放置。

续表

消毒对象	物理消毒方法	化学消毒方法	备注
		使用次氯酸钠类消毒剂消毒。 使用浓度为有效氯 400 mg/L，浸泡消毒 20 分钟。	消毒时将抹布全部浸没在消毒液中，消毒后可直接控干或晾干存放；或用生活饮用水将残留消毒剂冲净后控干或晾干存放。
餐桌、床围栏、门把手、水龙头等物体表面		使用次氯酸钠类消毒剂消毒。 使用浓度为有效氯 100—250 mg/L，消毒10—30分钟。	1. 可采用表面擦拭、冲洗消毒方式。 2. 餐桌消毒后要用生活饮用水将残留消毒剂擦净。 3. 家具等物体表面消毒后可用生活饮用水将残留消毒剂去除。
玩具、图书	每两周至少通风晾晒一次。		适用于不能湿式擦拭、清洗的物品。曝晒时不得相互叠夹。曝晒时间不低于6小时。
		使用次氯酸钠类消毒剂消毒。 使用浓度为有效氯 100—250 mg/L，表面擦拭，浸泡消毒 10—30 分钟。	根据污染情况，每周至少消毒 1 次。
便盆、坐便器与皮肤接触部位、盛装吐泻物的容器		使用次氯酸钠类消毒剂消毒。使用浓度为有效氯 400—700 mg/L，浸泡或擦拭消毒 30 分钟。	1. 必须先清洗后消毒。 2. 浸泡消毒时将便盆全部浸没在消毒液中。 3. 消毒后用生活饮用水将残留消毒剂冲净后控干或晾干存放。
体温计		使用 75%—80% 乙醇溶液，浸泡消毒 3—5 分钟。	使用符合《中华人民共和国药典》规定的乙醇溶液。

备注：

1. 表中有效氯剂量是指使用符合卫生部《次氯酸钠类消毒剂卫生质量技术规范》规定的次氯酸钠类消毒剂；

2. 传染病消毒根据国家法规《中华人民共和国传染病防治法》规定，配合当地疾病预防控制机构实施。

任务三　物品与设备管理

学习目标

知识目标：能掌握并描述物品与设备管理的意义和工作内容、物品与设备管理的工作任务和工作要点。

能力目标：能按照物品与设备管理的工作要求，主动获取并整理有效信息，正确开展岗位情景演练，乐于展示成果、善于总结反思，提高职业能力。

素养目标：能积极参加学习和实操，涵养教育情怀，感悟物品与设备管理工作中蕴含的劳动精神和爱岗敬业精神，提高职业素养。

学习准备

资源预学：

微课视频资源：物品与设备管理

资料收集：

通过互联网查找、图书馆查阅、调研咨询等方式收集并整理幼儿园物品与设备管理工作相关资料。

情境描述

物品与设备的安全问题不容小觑，这与幼儿的健康息息相关。相关内容包括物品与设备管理的内容、方法和物品与设备的配备等。

引导问题

一天，我发现班里面的扫把上午在墙角，下午就出现在门外，还有一个幼儿不小心被扫把绊倒。经询问，发现是班里最调皮的辉辉趁老师不注意，把扫把放到门口。同时我还发现，班里不少幼儿常把玩具、材料到处乱扔。为了使孩子们了解应该如何管理物品，首先，我组织孩子们观看了视频，了解大班的哥哥姐姐是如何整理座椅、分类存放物品的。看到画面中大班哥哥姐姐们的物品摆放整齐，孩子们不禁发出了感叹："好厉害！我也想像他们一样，可以把物品摆放得整整齐齐的。"于是，我组织孩子们讨论在幼儿园可以整理什么，怎么整理。其次，我采用了物品管理责任到人的做法。我划分了盥洗区、图书区、建构区等不同区域，设计徽标，每周各评选一名管理员，由管理员带领幼儿分区域整理好物品，表现好的管理员，奖励优秀小贴纸。慢慢地，我们班在任何时候都很整洁，物品也有了明确的位置，存取东西成了一件轻松、简单的事。而且由于物品摆放合理，班上的安全事故也明显减少。

1. 作为一名保育师，你怎么理解幼儿物品与设备管理的意义和工作内容？

____

____

____

2. 案例中提到的物品与设备管理的方法有哪些？

____

____

____

3. 结合书本知识，简单描述幼儿园内常见的物品和设备都有哪些。

____

____

____

任务实施

物品与设备管理工作情景演练

实施背景

在物品与设备管理工作中，经常会遇到物品配备不全、管理内容模糊和管理方法不科学等问题。

实施准备

实训环境：幼儿园仿真实训室、网络学习终端。

组建小组：学生按照“同组异质、异组同质”原则自由组建，每组4—6人。

实施内容

借助线上线下各类资源，选取某个物品与设备管理问题，开展幼儿物品与设备管理工作情景演练。

实施过程

1. 教师向各小组提出任务要求；
2. 各小组按要求开展研讨、撰写方案；
3. 各小组按本组方案进行演练准备；
4. 各小组依次进行保育工作情景演练展示，演练的同时有小组成员在一旁解说。

解说词：

____

____

____

实施反思

1. 其他小组的展示，你最喜欢哪个？试对其进行评价。

____

____

2. 看过其他小组的展示后，你认为本组的展示有哪些地方可以改进？

____

____

3. 通过参加幼儿保育工作情景演练，你有哪些收获和感悟？

____

____

讨论记录

____

____

____

巩固练习

【单选题】

1. 关于保育师物品与设备管理的工作内容，表述错误的是(　　)。

   A. 做好物品与设备的配备等日常工作

   B. 珍惜园内物品与设备，并根据幼儿园设备维护常规，做好维护与保养

   C. 注意观察，发现室内设备出现异常情况，及时维修

   D. 对无法继续维修的设备进行销毁

2. 下列不属于幼儿班级配备物品的是(　　)。

   A. 幼儿生活用品及设备　　　　B. 食物

   C. 幼儿玩具　　　　D. 学习用品

【判断题】

1. 幼儿园中的物品与设备管理是保育师和教师的任务，幼儿只需爱护班级内物品即可。(　　)

2. 幼儿园在购买物品时，要遵循勤俭节约，不铺张浪费的原则。(　　)

3. 教师可以带着幼儿一起变废为宝，积极使用无污染的、可循环利用的材料制作玩、教具。(　　)

任务评价

任务评价表

班级：　　　　姓名：　　　　学号：

评价项目	评价内容和标准	个人自评(0—20分)	小组评价(0—30分)	教师评价(0—50分)
知识技能	能掌握并描述物品与设备管理的意义和工作内容、物品与设备管理的工作任务和工作要点。			

续表

评价项目	评价内容和标准	个人自评（0—20分）	小组评价（0—30分）	教师评价（0—50分）
职业能力	能按照物品与设备管理的工作要求，主动获取并整理有效信息，正确开展岗位情景演练，乐于展示成果、善于总结反思，提高职业能力。			
职业素养	能积极参加学习和实操，涵养教育情怀，感悟物品与设备管理工作中蕴含的劳动精神和爱岗敬业精神，提高职业素养。			
总评分				
任务反思				

学习支持

一、物品与设备管理的意义

幼儿园班级物品与设备管理是教师根据班级教育目标，通过计划、组织、实施和调整等环节，将幼儿园班级内的一切物品与设备进行规划和调整，从而提高班级管理效率的一项工作。进行物品与设备管理可以为幼儿创设一个丰富、健康的生活和活动环境，提高设备和物品的使用效率，不仅可以更好地服务于教育教学活动，还可以提高班级管理效率，培养幼儿良好的物品使用习惯和自理能力。

二、物品与设备管理的工作内容

幼儿班级内的设备，一般由保育师负责管理与维护工作。主要负责的内容有：

(1) 做好物品与设备的配备等日常工作。

(2) 珍惜园内物品与设备，并根据幼儿园设备维护常规，做好爱护与保养。

(3) 注意观察，发现室内设备出现异常情况，及时维修。

(4) 对无法继续维修的设备申请更新。

三、物品与设备管理的工作任务

(一) 物品与设备的配备

幼儿班级配备的物品有：幼儿生活用品及设备、学习用品、玩具等。

1. 幼儿生活用品及设备

家具类：桌椅、床、被褥、空调、饮水机、消毒柜等。

餐具类：碗、盘子、筷子、勺子、食桶等。

用具类：拖把、抹布、各种消毒用品等。

易耗品：手纸、洗手液、香皂、洗涤剂等。

2. 学习用品

设备类：电视、电脑、钢琴、音响、投影仪等。

物品类：黑板、图书、各种教具等。

易耗品：铅笔、蜡笔、胶水、橡皮泥等。

3. 玩具

桌面玩具、毛绒玩具及其他玩具。

（二）物品与设备管理的方法

物品与设备的安全问题不容小觑，这与幼儿的健康息息相关。物品材料要确保无毒、无污染，还应根据教育教学活动的变化及时调整、补充和丰富活动材料，但是应避免物品堆放，要精打细算，不铺张浪费。教师可引导幼儿发挥想象力和创新力，变废为宝，既培养幼儿的创造能力，又培养幼儿勤俭节约的美德。另外，班级物品管理不仅是保育师和教师的职责，还是班级中每一位成员的职责，教师和幼儿都应该对物品进行管理存放。

⑴ 健全制度，明确分工。班级管理涉及班级中的每一个成员，教师与保育师应该在尊重个人意愿的基础上，按照“谁使用、谁保管、谁负责”的民主分工原则，建立健全班级物品管理制度，负责人对班级物品整理归类、保管齐全，随时取用，并做好记录。

⑵ 制订清单，有凭有据。学期初和学期末按照表格对物品进行登记，随时记录，以便及时修理与补充，更好地服务教育教学活动。这样做不仅便于幼儿园对各个班级的物品进行统一记录和分析，也切实提高了班级物品管理效率。

⑶ 分类摆放，保持卫生。班级物品种类繁多，许多小型物品不应该混杂摆放，应将不同种类的物品进行分类，对于使用率较高的玩具等，班级管理人员要制定一定的使用规则和管理办法，并在生活中坚持一致性和一贯性。物品分类之后，摆放要整齐且位置固定，每次物品用完，及时放回原处。

⑷ 检查维修，落实整改。定期检查物品与设备有无破损或需要维修的地方，并按照要求做好记录，及时填表，上报维修，因故未能及时维修的，须摆放在显眼位置

并说明原因。

四、物品与设备管理的工作要点

(1)陈列合理，便于取放。物品摆放的目的之一是便于幼儿开展活动，要最大限度地把空间留给幼儿，因此，常用的图书、玩具和手工材料等的摆放要照顾到幼儿的身高，便于幼儿根据活动需要自主取放。

(2)共同看管，定期检查。幼儿园中购置物品与设备较多，有些物品可能短时间内不会使用，存放过程中，如若没有人看管，可能会出现丢失等问题。幼儿园里中大型设备较多，并且有些设备与幼儿生活息息相关，比如空调、钢琴和电视机等，这些设备都需要定期检查维修，以免出现问题威胁到幼儿健康。

(3)保护隐私，培养习惯。幼儿园要在条件允许的情况下，尽可能为每位幼儿提供可以存放个人物品的空间，一人一柜，既满足了幼儿个人空间的需求，也便于幼儿自主管理个人物品，有利于幼儿独立自主的好习惯的培养。

(4)家园共育，保持一致。保育师要密切联系幼儿家长，让家长帮助幼儿养成物品分类存放的习惯，培养幼儿珍惜物品、不乱放东西的好习惯，做到家校教育方向一致。

【拓展延伸】

5S管理在幼儿园物品管理中的运用

5S是指整理、整顿、清扫、清洁和修养。运用到幼儿园物品管理中，有以下几个原则：

(1)及时精简，节省空间。班级内部需要按照使用频率，对物品进行使用频率排序，并清理一些不常用的物品，优化教育环境，提高教育素质。

(2)按照频率，准确分类。依据物品使用频率表格，判断所需物品的数量及摆放位置，确保在使用某种物品时能够及时准确找到，提高做事效率。

(3)目视管理，标识指引。将所有物品根据使用频率配置后，在标识的帮助下，实现人与物的直接对接，可以采用直接分类和保管的方法，对于需要保存的东西，可以选择透明的容器进行保存。

(4)标明日期，准确增补。为避免物品积压和资金浪费，可以通过日常观察和计算，准确了解物品数量的增减，减少资源浪费，节约成本。

(5)定时审核，形成自律。进行物品管理时，可邀请幼儿一同参加，激发幼儿好奇心，帮助孩子从他律走向自律，提高幼儿参与感，规范幼儿行为。

项目二

生活活动保育

任务一　幼儿来园、离园保育

学习目标

知识目标：能掌握并描述幼儿来园、离园保育的意义和工作内容，幼儿来园、离园保育的工作任务和工作要点。

能力目标：能按照幼儿来园、离园保育的工作要求，主动获取并整理有效信息，正确开展岗位情景演练，乐于展示成果、善于总结反思，提高职业能力。

素养目标：能积极参加学习和实操，涵养教育情怀，感悟幼儿来园、离园保育工作中蕴含的劳动精神和爱岗敬业精神，提高职业素养。

学习准备

资源预学：

微课视频资源：幼儿来园、离园保育的意义、工作内容和要点

实操视频资源：幼儿来园、离园保育工作任务

资料收集：

通过互联网查找、图书馆查阅、调研咨询等方式收集并整理幼儿来园、离园保育工作相关资料。

情境描述

幼儿来园、离园是幼儿在园一天的开始和结束，是幼儿保育不可或缺的重要环节。常见的幼儿来园、离园任务包括清洁检查班级卫生、接送幼儿、关注幼儿安全等。

引导问题

一日之计在于晨，每天早上来园后就开始进入上班的最佳状态，因为要开始一天工作的第一个也是很重要的一个环节——迎接幼儿。我们班的幼儿年龄都在4岁左右，虽然是中班了，但依然有很多早上哭闹着不愿跟爸爸妈妈分开，不想入园，还有一些来了以后就跟小朋友打闹嬉戏。晚上放学时又是孩子们特别期待激动的时刻，有些早已身在曹营心在汉，归心似箭了。面对情绪异常兴奋的幼儿，我们也打起十二分的精神注意他们的安全，一直等到将孩子安全交给父母后才放心。

1. 作为一名保育师，你怎么理解幼儿来园、离园保育的意义和工作内容？

____

____

____

2. 幼儿来园、离园的步骤有哪些？

____

____

____

3. 幼儿来园、离园的工作要点有哪些？

____

____

____

任务实施

幼儿来园、离园的保育工作情景演练

实施背景

在幼儿来园、离园保育工作中，经常会遇到幼儿入园时哭闹、拒绝与父母分离，入园离园时嬉笑打闹、随处乱跑等问题。

实施准备

实训环境：幼儿园仿真实训室、网络学习终端。

组建小组：学生按照“同组异质、异组同质”原则自由组建，每组 4—6 人。

实施内容

借助线上线下各类资源，选取某个幼儿来园、离园问题，开展幼儿来园、离园保育工作情景演练。

实施过程

1. 教师向各小组提出任务要求；
2. 各小组按要求开展研讨、撰写方案；
3. 各小组按本组方案进行演练准备；
4. 各小组依次进行保育工作情景演练展示，演练的同时有小组成员在一旁解说。

解说词：

____

____

____

实施反思

1. 其他小组的展示，你最喜欢哪个？试对其进行评价。

____

____

2. 看过其他小组的展示后，你认为本组的展示有哪些地方可以改进？

____

____

3. 通过参加幼儿保育工作情景演练，你有哪些收获和感悟？

____

____

讨论记录

____

____

____

巩固练习

【选择题】

1. 幼儿来园时保育师要(　　)。

A. 不理不睬　　B. 热情迎接

C. 与家长交谈　　D. 打扫卫生

2. 幼儿离园前保育师的下列做法不对的是(　　)。

A. 重视幼儿秩序　　B. 关注幼儿情绪

C. 赶快让幼儿离园　　D. 整理着装

【判断题】

1. 在幼儿来园、离园的环节中,保育师要有意识地引导幼儿积极的情绪,培养幼儿独立的能力和习惯。(　　)

2. 幼儿来园时,只要入园保育师就无须再关注幼儿。(　　)

3. 保育师要积极热情,为幼儿做好榜样。(　　)

任务评价

任务评价表

班级:　　　　姓名:　　　　学号:

评价项目	评价内容和标准	个人自评(0—20分)	小组评价(0—30分)	教师评价(0—50分)
知识技能	能掌握并描述幼儿来园、离园保育的意义和工作内容,幼儿来园、离园保育的工作任务和工作要点。			
职业能力	能按照幼儿来园、离园保育的工作要求,主动获取并整理有效信息,正确开展岗位情景演练,乐于展示成果、善于总结反思,提高职业能力。			
职业素养	能积极参加学习和实操,涵养教育情怀,感悟幼儿来园、离园保育工作中蕴含的劳动精神和爱岗敬业精神,提高职业素养。			
总评分				
任务反思				

学习支持

一、幼儿来园、离园保育的意义

幼儿来园、离园是幼儿保育不可或缺的重要步骤。它们有共性之处，但也有其不能替代的独特意义。

来园是幼儿在幼儿园一日生活的第一个环节，保育工作做得怎么样，将直接影响幼儿在园的生活质量，也会影响幼儿园与家庭链接的程度。保育师此时的保育工作就显得尤为重要，要营造丰富有趣、安全舒适、卫生温馨的入园环境，吸引幼儿积极参与到各项活动中来。此外，还要关注不同幼儿入园时的情绪状态，逐步培养幼儿独立自主的能力，促进幼儿身心健康发展，使来园成为幼儿一天美好生活的开始。

离园是幼儿在幼儿园一日生活的最后一个环节，是幼儿满怀期待、身心放松的时刻，也是幼儿园生活转向家庭生活的过渡阶段。保育师为幼儿离园做好充分准备，能够延续和提升幼儿的快乐指数，使幼儿对第二天来园充满期待。离园前有计划地组织幼儿进行整理，能使幼儿的自我服务技能和动手能力得到锻炼和提升。离园交接时是亲、子、师三方高频互动的时间，教师可以进行有针对性的家园沟通，促进家园共育。

二、幼儿来园、离园保育的工作内容

(1) 重视幼儿良好的来园、离园秩序。保育师要配合、协助教师做好来园、离园的准备工作，教育幼儿懂得规则意识，引导幼儿养成遵守来园、离园秩序的良好习惯，并身体力行为幼儿做好表率。

(2) 培养幼儿独立来园、离园的策略。家园共育，培养幼儿养成良好的生活作息习惯，早睡早起，吃饱喝好，保证幼儿身体健康和来园时的积极情绪状态。通过视频或游戏的形式，教会幼儿独立来园、离园的注意事项，培养幼儿独立的能力。创设相关主题环境，使幼儿耳濡目染，鼓励幼儿积极入园。

三、幼儿来园保育的工作任务

(1) 做好上岗前的准备工作。注意个人卫生，整理好仪容仪表，调整好身心状态，为幼儿做好表率，开启一天的保育工作。

(2) 清洁检查班级卫生。提前掌握当日天气情况，开窗通风，将室内环境、设施清

洁消毒，打扫干净。检查各个区域、角落，排除安全隐患，为幼儿提供安全卫生、温馨舒适的环境。

(3)准备好生活和学习用品。为幼儿准备温度适宜、足够量的饮用水，保证幼儿入园后及时补充水分。准备好幼儿擦手用的毛巾，方便幼儿盥洗后使用。将幼儿当日所用的玩具消毒、晾晒备好，以便幼儿进行区角活动时使用。

(4)热情接待幼儿和家长。注意不同幼儿的情绪状态，以饱满的情绪迎接幼儿，让幼儿感受到温暖与爱。以愉快温和的态度引导幼儿主动向老师问好、与家长道别，教幼儿学会社交礼仪、礼貌用语。

(5)注意幼儿安全。与家长一对一交接幼儿，有接送卡的引导家长刷卡签到。与个别家长进行交流，耐心倾听家长的嘱托，当日带药的幼儿，家长在旁登记喂药委托书。晨检处、班级内、室外要有对应老师，避免出现幼儿无人看管的情况。

【拓展延伸】

某幼儿园接送卡

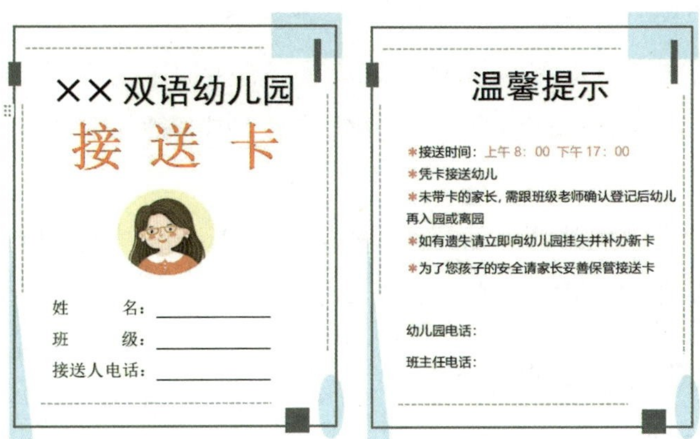

(6)关注晨检情况。掌握当日入园幼儿的晨检情况，明确需要特别照顾的幼儿。

四、幼儿来园保育的工作要点

保育师应在教师的指导下，重点从以下几个方面指导幼儿入园：

(1)培养幼儿良好的社交礼仪。保育师接送幼儿的互动过程就是言传身教为幼儿示范的过程，在此过程中，幼儿逐步学会使用礼貌用语，见到老师、同学主动问好，感受到老师的关心、同伴的友爱、集体的温暖，逐渐养成有礼貌的好习惯。

(2)引导幼儿安全有序入园。早上是送幼儿的高峰期,人员、车辆较多。保育师要组织幼儿有序进入幼儿园,时刻关注门口情况,引导幼儿不追逐打闹,不乱跑,不要离开家长和老师的视线,学会有规则有秩序地入园。

(3)培养幼儿独立自主的能力。家园共育、家校一致,使幼儿养成良好的生活作息习惯,早睡早起,保证幼儿来园前的积极情绪状态。来园时鼓励家长适当放手,在视线范围的安全距离内让幼儿独自入园,引导幼儿主动与老师、家长打招呼、告别,并进行接下来的入园流程。

五、幼儿离园保育的工作任务

(1)离园前的整理。整理幼儿的仪容仪表,引导幼儿洗手、洗脸、梳理头发等。提醒并帮助幼儿整理自己的个人物品,如衣服、书包等。如果当日有需要幼儿带回的物品,需要提前整理好并分发给幼儿。

(2)组织幼儿有序等待。快要离园前的幼儿比较兴奋,保育老师要特别关注幼儿的秩序,可以组织一些有趣的活动,或者组织幼儿有序坐好,进行简短谈话,引导幼儿回忆当天的愉快时光,稳定幼儿情绪,等候家长的到来。

(3)送幼儿离园。在指定位置等候家长,严禁家长进班。严格执行接送卡制度,一定与家长当面交接幼儿,积极主动与家长进行简短沟通,兼顾到每一个人,如有想要深聊的家长,待大部分幼儿离园后再单独交流。引导幼儿主动与老师道别。不要让幼儿单独离开。

(4)做好离园后卫生清洁。幼儿离园后及时对盥洗室、教室进行清洁、消毒和安全检查工作,最后整理环境,关好门窗,切断水电开关。

六、幼儿离园保育的工作要点

保育师应在教师的指导下,重点从以下几个方面指导幼儿离园:

(1)培养幼儿独立自主的能力。保育师提醒帮助幼儿做好个人仪表和物品的整理,发展幼儿的自理能力。引导幼儿回顾一日生活的经验,帮助幼儿养成有始有终的习惯。

(2)引导幼儿安全有序离园。保育师要组织幼儿有序离园,时刻关注幼儿情况,引导幼儿不打闹嬉戏,不乱跑、不插队,不拥挤推搡。

(3)培养幼儿有爱有礼的习惯。引导幼儿和亲人、教师、同伴积极互动,使幼儿感受亲人和集体的温暖,养成有礼貌的习惯。

任务二　幼儿进餐保育

学习目标

知识目标：能做好幼儿的膳食计划制订，做好幼儿进餐保育的餐前准备工作、进餐指导及餐后清洁工作，掌握并描述幼儿进餐保育的意义和工作要点。

能力目标：能按照幼儿进餐保育的工作要求，主动获取并整理有效信息，正确开展岗位情景演练，乐于展示成果、善于总结反思，提高职业能力。

素养目标：能积极参加学习和实操，涵养教育情怀，感悟组织幼儿进餐保育工作中蕴含的劳动精神和爱岗敬业精神，提高职业素养。

学习准备

资源预学：

微课视频资源：幼儿进餐保育的意义、工作内容和要点，儿童膳食计划的制订

实操视频资源：幼儿进餐保育的工作任务

资料收集：

通过互联网查找、图书馆查阅、调研咨询等方式收集并整理幼儿进餐保育工作相关资料。

情境描述

《3—6岁儿童学习与发展指南》中指出应鼓励幼儿做力所能及的事情，对幼儿的尝试与努力给予肯定，不因其做不好或做得慢而包办代替。在幼儿园的一日生活中，点点滴滴都存在着教育价值。而进餐作为幼儿一日活动中的重要环节，更是锻炼幼儿自理能力，实现自我管理的良好契机。

引导问题

保育师小郑老师发现有一位新来的小朋友轩轩，一到吃午饭的时候就要吐。但再换一碗，他会把饭菜全部吃光，而且也吃得很快。针对这一现象，老师询问了家长，他妈妈说他在家从来没这种习惯。为了解决这个问题，老师观察了他吃饭的情况。原来，他一坐下来吃饭就把饭不停往嘴巴里扒，塞得满满的，喉咙咽不下去了，就全给吐出来了。

老师经过了解得知，轩轩原来的幼儿园老师一直让他快点吃，吃慢了，还要挨批评，所以他刚来这儿，怕吃慢了也受到批评，因此吃得很快。找到了问题所在，每到吃饭前，老师们就告诉他慢慢吃，帮他克服饭前紧张的心理。后来惊喜地发现他不吐了，也不会紧张地一口接一口吃了。

1. 案例中保育师小郑老师遇到了什么问题？出现这个问题的原因有哪些？

____

____

____

2. 如果你是保育师小郑老师，你想到了哪些解决办法帮助轩轩小朋友？

____

____

____

3. 作为一名保育师，你怎么理解组织幼儿进餐工作的意义？

____

____

____

任务实施

幼儿进餐保育工作情景演练

实施背景

6 岁前是幼儿身心发展最为迅速的时期，他们新陈代谢旺盛，每天必须从膳食中摄取充分的热量以及蛋白质、维生素等营养素，这样才能满足他们机体生长发育和活动的需要。因此，幼儿园应该高度重视幼儿进餐保育工作。

实施准备

实训环境：幼儿园仿真实训室、网络学习终端。

组建小组：学生按照“同组异质、异组同质”原则组建，每组 4—6 人。

实施内容

借助线上线下各类资源，选取幼儿园进餐所需的物品，开展幼儿进餐保育工作情景演练。

实施过程

1. 教师向各小组提出任务要求；
2. 各小组按要求开展研讨、撰写方案；
3. 各小组按本组方案进行演练准备；
4. 各小组依次进行保育工作情景演练展示，演练的同时有小组成员在一旁解说。

解说词：

____

____

____

实施反思

1. 其他小组的展示，你最喜欢哪个？试对其进行评价。

____

____

2. 看过其他小组的展示后，你认为本组的展示有哪些地方可以改进？

____

____

3. 通过参加组织幼儿进餐保育工作情景演练，你有哪些收获和感悟？

____

讨论记录

巩固练习

【单选题】

1. 在婴幼儿进餐过程中,(　　)的指导方法是正确的。

A. 看谁吃得最多　　B. 少盛多添

C. 看谁吃得最快　　D. 细嚼慢咽

2. 幼儿的胃口因人而异,同一个幼儿每日每餐的胃口(　　)。

A. 都相同　　B. 不一定相同

C. 都很好　　D. 很难掌握

【判断题】

1. 儿童正餐间隔时间为 3.5—5 小时,进餐时间 20—30 分钟 / 餐,准时开饭,全托应增加晚点。(　　)

2. 幼儿进餐安全是幼儿园安全工作的重要组成部分,事关广大师生的生命安全,是维护幼儿园和社会稳定的大事。(　　)

3. 幼儿园每餐饭菜要留样 36 小时。(　　)

任务评价

任务评价表

班级:　　　　姓名:　　　　学号:

评价项目	评价内容和标准	个人自评(0—20 分)	小组评价(0—30 分)	教师评价(0—50 分)
知识技能	能做好幼儿的膳食计划制订,做好幼儿进餐保育的餐前准备工作、进餐指导及餐后清洁工作,掌握并描述幼儿进餐保育的意义和工作要点。			

续表

评价项目	评价内容和标准	个人自评（0—20分）	小组评价（0—30分）	教师评价（0—50分）
职业能力	能按照幼儿进餐的工作要求，主动获取并整理有效信息，正确开展岗位情景演练，乐于展示成果、善于总结反思，提高职业能力。			
职业素养	能积极参加学习和实操，涵养教育情怀，感悟组织幼儿进餐保育工作中蕴含的劳动精神和爱岗敬业精神，提高职业素养。			
总评分				
任务反思				

学习支持

一、幼儿进餐保育的意义

组织幼儿进餐是幼儿园一日生活的重要内容。合理的进餐安排，能保证儿童合理平衡膳食，促进儿童健康成长。保育师可以运用各种方法向幼儿介绍饭菜的内容及营养成分，引导幼儿关心进餐内容，从而产生浓厚的兴趣，提高幼儿食欲。运用符合幼儿年龄特点的方式、方法，在日常组织过程中渗透营养、健康、卫生等方面的知识，培养幼儿良好的进餐习惯。

【拓展延伸】

儿童膳食计划的制订

(1) 餐点安排：儿童正餐间隔时间为3.5—5小时，进餐时间20—30分钟/餐，准时开饭，全托应增加晚点。

(2) 每周更换一次食谱，并进行公布，推荐使用带量食谱，力求达到平衡膳食。每月至少制定两次带量食谱，隔周使用。

(3) 幼儿园在主辅食品的选料、洗涤、切配、烹饪的过程中，方法应当科学合理，减少营养素的损失，符合儿童清淡的口味，达到平衡膳食的要求。推荐的烹饪方法：蒸、煮、炖等。

(4) 有条件的幼儿园可为贫血、营养不良、食物过敏、肥胖等儿童提供特殊膳食，有特殊喂养需求的，儿童监护人应提供书面说明。

二、幼儿进餐保育的工作内容

(1) 创设良好的进餐环境。餐室应该干净、明亮，周围安静，温度适宜。进餐时，应尽量保证没有闲杂人员（家长、外来参观人员等）打扰。进餐前，教师或保育师应该组织幼儿安静活动，同时可以采用多种方式来激发幼儿的进餐兴趣，营造轻松的进餐环境。

(2) 组织幼儿自主拿取餐具。组织并指导幼儿以小组为单位，安静、有序地到指定地方拿取碗筷、勺子等餐具。要求幼儿不拥挤、不插队、不相互推搡，注意确保幼儿安全。提醒幼儿将饭勺放在饭碗中间，双手扶碗，防止碗筷倾斜、打翻。

(3) 组织幼儿自主拿取食物。幼儿盛饭菜时，保育师应在一旁组织和指导，提醒幼儿要将自己的餐具靠近盛放饭菜的容器，用公共的饭勺、菜勺拿取食物。注意一次不要拿得过多或过少，饭菜搭配要合理，特别是对部分挑食幼儿，要注意引导他们不挑食、不偏食。保育师要提醒幼儿自己用汤勺取汤时，碗中的汤不宜过满，防止泼洒导致烫伤。

(4) 组织幼儿独立用餐。进餐时，保育师要注意提醒幼儿正确的进餐姿势和方法。

(5) 进餐后餐桌、餐具的整理。保育师可以指导幼儿餐后整理好自己的桌面，把小椅子整齐地摆放在餐桌旁，将餐具送到指定的位置并分类摆放。

(6) 餐后的个人卫生。保育师要指导幼儿餐后进行清洁、整理，如漱口、擦嘴、洗手等。让幼儿取自己的擦嘴巾或者餐巾纸将嘴巴周围擦干净，同时注意将粘在衣服上的饭菜残渣清理干净。

(7) 幼儿进餐安全工作。幼儿进餐安全是幼儿园安全工作的重要组成部分，事关广大师生的生命安全，是维护幼儿园和社会稳定的大事。

【拓展延伸】

进餐的安全工作内容

1. 食品来源安全

(1) 确保所采购食物的供应商有营业执照和其他相关证件。

(2) 检查食品的生产日期和保质期。

(3) 不购买来历不明的熟食。

(4) 禁止保育师自己买食品发给幼儿，幼儿自带的与其他小朋友分享的食物，经保健医同意才能食用。

2. 食品加工安全

(1) 食材清洗、烹调要规范。

(2) 餐具清洗、消毒要规范。

(3) 不给幼儿吃凉菜、生菜、隔夜菜。

(4) 豆浆、牛奶要煮开。

(5) 每餐饭菜要留样 48 小时。

3. 进餐安全

(1) 对饮食有特殊要求的幼儿做好登记，例如对某些食物过敏的幼儿、少数民族幼儿。

(2) 把温度高的食物放置在安全的地方，并确保有专人看护。

(3) 分餐时，保育师要戴好帽子、穿好围裙，并从正面递给幼儿饭菜。

(4) 进餐过程中，教育幼儿不要打闹、嬉笑、哭泣。

(5) 进餐完毕后，要及时收拾碗筷，清洁桌面和地面。

三、幼儿进餐保育的工作任务

(一) 餐前卫生工作

(1) 保育师穿好工作服，做好幼儿餐桌及分餐桌的清洁、消毒工作，确保安全卫生。

(2) 保育师洗净双手，戴口罩、帽子、一次性手套。

(3) 准备好饭勺、汤勺、菜勺。

(4) 准确、安全地放置好盛放饭菜的容器，避免打翻烫伤幼儿。

(5) 组织幼儿洗手。

（二）取餐

⑴按照幼儿园规定时间，保育师来到厨房门口等候取餐。

⑵自觉按照取餐的顺序排好队等待。

⑶核对餐具数量。根据餐盆上的标记，将餐具放到指定位置，核对碗、筷、勺的数量，并取干净的盖布将餐盆盖住。

⑷取餐。按照厨房发餐的顺序取餐，拿齐饭菜后，将餐车推回教室。

（三）进餐

1. 分餐

将饭菜、餐具拿出放在指定位置，由教师协助分发饭菜，盛菜要均匀，按规定数量平均发放。保育师在分餐桌上发放主食（肥胖儿的米饭为碗的1/3，注意少盛多添），小朋友排队取餐。

2. 照顾幼儿进餐

⑴食欲不好的幼儿、体弱儿和患病儿：保育师走到幼儿身边，蹲下来，轻轻询问给予关照。了解幼儿情况后，可适当喂饭。喂饭时，每勺饭不宜过满，喂饭速度不宜过快。

⑵肥胖儿：饭前先让他们喝一碗汤。进餐的过程中，提醒儿童细嚼慢咽，多吃蔬菜，控制进餐速度，少盛多添。

3. 纠正幼儿不正确的坐姿及吃饭姿势

进餐姿势：双脚平放地面，身体略微前倾，双臂自然放在餐桌边缘，左手扶碗，右手拿勺（或筷子），集中精力吃饭。细嚼慢咽，一口咽下去再吃下一口。

勺子的用法：右手拇指在上，食指和中指在下，捏住勺把靠上的部分，勺子凹陷的部分朝上，舀食物。

筷子的用法：辨认筷子的大小头部位，大头朝上，小头朝下。使用拇指、食指和中指3根手指将筷子轻轻拿住，外侧的一根靠在食指和中指之间，内侧的一根筷子搭在中指和无名指上，中指放在两根筷子中间。

4. 正确处理幼儿撒饭的情况

保育师可轻轻对幼儿说“没关系”，消除幼儿因撒饭而产生的恐惧感，将撒在桌子上的饭菜用抹布擦进残渣盘里（鼓励中、大班幼儿自己处理）。

（四）餐后

⑴指导幼儿将餐后的桌面整理干净，小椅子收回桌子下面，端起自己的碗筷、勺子等，来到指定归还餐具的地方，并分类归置放好。

(2) 指导幼儿擦嘴、漱口、刷牙，组织幼儿餐后安静散步 10 分钟。

(3) 保育师做好桌面、地面清洁工作。

(4) 保育师回收整理餐具，处理剩饭菜。将餐具整理好，用餐车推回厨房门口，剩饭菜倒入专门的垃圾桶中。

四、幼儿进餐保育的工作要点

保育师应在教师的指导下，重点从以下几个方面组织并指导幼儿进餐：

(1) 引导幼儿安全有序进餐。保育师要组织幼儿有序进餐，教会幼儿正确使用餐具，进餐时保持桌面及服装干净、整洁，学会饭菜搭配。培养幼儿良好的餐桌礼仪，安静有序进餐。

(2) 针对不同年龄的幼儿，做到因材施教。小班的幼儿，保育师要耐心地帮助幼儿，不批评，要教会幼儿正确的端饭、吃饭姿势和拿勺方法。到了中班，要教会幼儿使用筷子的正确方法。鼓励其多锻炼，多使用，帮助幼儿尽快掌握自己吃饭的技能。

(3) 养成幼儿进餐的良好习惯。保育师要提醒幼儿饭前洗手，饭后漱口、擦嘴，了解每个幼儿的饮食习惯，关注幼儿的特殊习惯。

(4) 家园配合，保持一致。保育师和教师要密切联系家长，在家园栏、网站上公布每周食谱，让家长了解幼儿园营养配餐情况，并在家合理安排幼儿的饮食。

【拓展延伸】

袁隆平：让饥荒成为遥远的记忆

袁隆平是我国研究与发展杂交水稻的开创者，也是世界上第一个成功地利用水稻杂交优势的科学家，被誉为“杂交水稻之父”。“发展杂交水稻，造福世界人民”是袁老平生的追求。为了实现这一宏愿，他长期致力于促进杂交水稻走向世界。如今，中国的杂交水稻技术研究与应用持续领跑世界，不仅给中国更为全世界带来了福音。对于我们每个人来说，悼念袁老最好的方式就是光盘行动，珍惜节约每一粒粮食，这是对袁老最大的慰藉和缅怀。勤俭节约是我们中华民族的传统美德，但是并不是每一个人都能做得到。对于节约粮食，我们要管好自己，从自己做起，养成好习惯。

任务三　幼儿饮水保育

学习目标

知识目标：能掌握并描述幼儿饮水保育的意义和工作内容、幼儿饮水保育的工作任务和工作要点。

能力目标：能按照幼儿饮水保育的工作要求，主动获取并整理有效信息，正确开展岗位情景演练，乐于展示成果、善于总结反思，提高职业能力。

素养目标：能积极参加学习和实操，涵养教育情怀，感悟幼儿饮水保育工作中蕴含的劳动精神和爱岗敬业精神，提高职业素养。

学习准备

资源预学：

微课视频资源：幼儿饮水保育的意义、工作内容和要点

实操视频资源：幼儿饮水保育的工作任务

资料收集：

通过互联网查找、图书馆查阅、调研咨询等方式收集并整理幼儿饮水保育工作相关资料。

情境描述

饮水活动贯穿于幼儿一日生活活动的各个环节，是培养幼儿良好生活习惯的重要一环，常见的幼儿饮水任务包括饮水前的准备、组织幼儿接水、组织幼儿饮水等。

引导问题

最近不断有家长给我反映说，孩子回家不愿意喝水，嘴唇都起干皮了也不愿意喝水，有的还只喝糖水、饮料或者奶茶。其实，家长反映的情况也是我们几个保育师正在烦恼的问题，孩子在学校也不愿意主动喝水，组织喝水的时候，大多数孩子也是应付地喝一小口。

这天，我想了一个好办法。进教室的时候，我搬着一盆幼苗进来了，对孩子们说，咱们一起把幼苗养成一盆美丽的花朵，好不好？孩子们听了之后都非常兴奋，表示强烈赞同。课余时间，孩子们也都非常细心地保护着幼苗不受伤害，还经常把它搬到阳光下面吸收养分，但是，幼苗却生长得不太好。几个孩子垂头丧气地找到我，问我应该怎么办，我让他们把培育幼苗的过程说出来，我听后问他们，你们是不是忘记给幼苗浇水了呢？孩子们听后恍然大悟，后来，每次孩子们给幼苗浇水的时候，我都提醒他们自己也要喝水，否则，就会像幼苗一样感到"口渴"，长不高。孩子们都争先恐后地端起自己的水杯喝水，我趁机教他们了一个顺口溜：小水杯，双手拿；接好水，慢慢走；小心喝，不浪费。过了一段时间，幼苗长成了美丽的花朵，孩子们也愿意主动喝水了。

1. 作为一名保育师，你怎么理解幼儿饮水保育的意义和工作内容？

____

____

____

2. 案例中保育师教给小朋友的顺口溜中组织幼儿接水的操作步骤有哪些？

____

____

____

3. 案例中保育师用哪些方法组织幼儿饮水？幼儿饮水的工作要点有哪些？

____

____

____

任务实施

幼儿饮水保育工作情景演练

实施背景

在幼儿饮水保育工作中，经常会遇到幼儿饮水不主动、不喜欢饮水或者抗拒饮水等问题。

实施准备

实训环境：幼儿园仿真实训室、网络学习终端。

组建小组：学生按照“同组异质、异组同质”原则自由组建，每组4—6人。

实施内容

借助线上线下各类资源，选取某个饮水问题，开展幼儿饮水保育工作情景演练。

实施过程

1. 教师向各小组提出任务要求；
2. 各小组按要求开展研讨、撰写方案；
3. 各小组按本组方案进行演练准备；
4. 各小组依次进行保育工作情景演练展示，演练的同时有小组成员在一旁解说。

解说词：

____

____

____

实施反思

1. 其他小组的展示，你最喜欢哪个？试对其进行评价。

____

____

2. 看过其他小组的展示后，你认为本组的展示有哪些地方可以改进？

____

____

3. 通过参加保育工作情景演练，你有哪些收获和感悟？

____

____

讨论记录

____

____

____

巩固练习

【单选题】

1. 对于不习惯喝水的幼儿，应该(　　)。

　A. 找时间提醒他喝水　　B. 由少到多促使其养成习惯

　C. 随他不喝　　D. 由多到少促使其形成习惯

2. 下列关于幼儿接水环节的说法错误的是(　　)。

　A. 幼儿在接水时，先接半杯，喝完后可以再接

　B. 如果是桶装水，小班的幼儿可以先接小半杯凉水，再接等量的热水，使水温适宜

　C. 接水不宜太满，以免烫伤

　D. 在幼儿接水时，要注意幼儿有没有及时关掉引水口的开关

3. 3—6 岁的幼儿每天总需水量为(　　)。

　A. 800—1000 毫升　　B. 1000—1200 毫升

　C. 1200—1500 毫升　　D.1500—1800 毫升

【判断题】

1. 只要小朋友同意，可以两个或者多个幼儿共用一个杯子。(　　)

2. 保温桶一般每周消毒一次。(　　)

任务评价

任务评价表

班级：　　　　姓名：　　　　学号：

评价项目	评价内容和标准	个人自评 (0—20 分)	小组评价 (0—30 分)	教师评价 (0—50 分)
知识技能	能掌握并描述幼儿饮水保育的意义和工作内容、幼儿饮水保育的工作			

续表

评价项目	评价内容和标准	个人自评（0—20分）	小组评价（0—30分）	教师评价（0—50分）
	任务和工作要点。			
职业能力	能按照幼儿饮水保育的工作要求，主动获取并整理有效信息，正确开展岗位情景演练，乐于展示成果、善于总结反思，提高职业能力。			
职业素养	能积极参加学习和实操，涵养教育情怀，感悟幼儿饮水保育工作中蕴含的劳动精神和爱岗敬业精神，提高职业素养。			
总评分				
任务反思				

学习支持

一、幼儿饮水保育的意义

水是构成人体、维持生命活动必需的物质，也是人们日常获取矿物质和微量元素的重要来源。人的一切生理功能都要有水的参与，简单来说，离开水一段时间，人的生命就会停止。水是人体内最主要的组成部分，年龄越小，体内含水率越高，幼儿体内的水约占体重的70%，由此可见，水占比是维持幼儿生命的重要因素。

幼儿每日饮水量的确定要以幼儿年龄、生理需求为基础，3—6岁幼儿每天每千克体重应摄入90—110毫升，3—6岁幼儿每天需水总量为1200—1500毫升，主要通过摄取食物、直接饮水等获得。根据幼儿每天正常进食量，一个正常幼儿一天食物中的水含量约为700毫升，因此，每个幼儿每天要直接饮水约为800毫升。

二、幼儿饮水保育的工作内容

(1)创设良好的饮水环境。提前做好饮水设备的清洁，保证饮水设备内有充足的水，且温度适宜，为幼儿清洗好水杯，并放在固定且方便拿取的地方。

(2)重视饮水前教育提醒。带领幼儿用七步洗手法洗手，告诉幼儿饮水前保证双手清洁。

(3)加强饮水中组织指导。组织幼儿排队有序地拿取自己的水杯去接水;为幼儿示范正确的接水动作,告诉幼儿一次不要接水过多;提醒幼儿饮水时不要嬉戏打闹。

(4)做好饮水后卫生清洁。幼儿饮水过后及时将饮水设备前及教室内洒出的水清理干净,保持地面干燥,以免幼儿摔倒;清洗消毒幼儿水杯。

三、幼儿饮水保育的工作任务

(一)饮水前准备

(1)备水:保育师每天早上检查保温桶内是否有充足的水量,若水量不足,需要及时添加水量,做到幼儿随时可以饮水。

(2)控温:保育师需要根据季节变化,及时测量桶内水温,若水温不合适,需要及时调节,确保幼儿可以饮用温度适宜的饮用水。

(3)换水:保育师每天早上为饮水机插上电源,并及时更换桶装水,每桶水的使用最好不超过一周。

(4)洗手:组织幼儿饮水前,先让幼儿用七步洗手法洗手,然后让幼儿取用自己的杯子接水饮水。

(二)组织幼儿接水

(1)提醒幼儿端取自己的水杯喝水,指导小班幼儿有序、独立接水,提醒幼儿接水时眼睛看着水杯,接半杯或三分之二杯水,以免开水烫伤或者洒出来。

(2)指导幼儿握好杯把,端稳水杯,轻轻走到喝水区,一口一口慢慢喝,提醒幼儿不把水洒到衣服或地面上。

(3)在幼儿接水的机器下面可以放一个水桶,收集漏水,做到废水利用。

(三)组织幼儿饮水

(1)随时提醒幼儿安静喝水,并及时肯定幼儿的良好喝水行为,对说笑、打闹的幼儿给予指导和纠正。

(2)关注幼儿嘴巴或衣服的前胸部位是否有水迹,及时用毛巾帮幼儿擦干或更换晾晒。

(3)鼓励幼儿喝完杯中的水,注重发挥教师自身或幼儿同伴的榜样作用,带动喝水困难的幼儿共同喝上足量的水。

(4)提醒幼儿慢慢饮水,小口喝水,避免呛水。

(5)幼儿剧烈运动后,不宜大量饮水。

(6)饮水过后,保育师提醒幼儿将水杯放回原处。

四、幼儿饮水保育的工作要点

(1)多喝开水,不喝饮料。幼儿新陈代谢旺盛,需水量相对较高,以碳酸饮料代替水或者饮料摄入量过高,会影响幼儿的消化,使幼儿发生龋齿,还会造成能量摄入过多,导致肥胖或者营养不良等问题,不利于幼儿生长发育。

(2)水温适宜,维持健康。不管是炎热的夏天,还是寒冷的冬天,都要注意喝温水,幼儿喝冰水会引起胃黏膜的血管收缩,引发幼儿的腹痛、腹泻、肠胃痉挛等问题。

(3)饮水适度,注意时间。进餐前不宜饮用过多白开水,如果刚喝过水再去吃大量的食物就会影响幼儿的消化功能,增加胃部消化的负担;在睡前不喝水是因为幼儿睡前喝水,在深夜后遗尿或者小便,会影响幼儿睡眠质量,进而影响其健康。

(4)安全饮水,主动饮水。要为幼儿提供安全卫生、温度适中的水;饮水时程序要规范,做到有序饮水,不拥挤,不打闹;保育师要关注幼儿的饮水情况,及时提醒幼儿自主饮水。

(5)家园共育,保持一致。保育师和教师密切联系幼儿家长,让家长了解幼儿饮水的相关知识,保持对幼儿饮水要求一致,做到家校教育方向合一。

【拓展延伸】

运用儿歌培养幼儿正确饮水的习惯

小朋友,爱喝水,你先我后来排队。
排好队伍到橱前,伸手去拿小水杯。
小水杯,要分清,自己拿,去接水。
每次半杯刚刚好,喝完洗净小水杯。

保育师可以运用音乐及儿歌的魅力,让幼儿在舒适的环境中喝水。喝水时候播放音乐或与幼儿一起朗诵儿歌,让幼儿觉得喝水很有趣,从而引导幼儿养成良好的饮水习惯。

饮水小贴士

1. 饮水时切忌大口吞咽

饮水过急、过多会引起打嗝或者腹胀,打乱胃肠道的正常节律,还会明显加重胃肠道的消化负担,造成感知失调。

2. 不要等口渴了再饮水

口渴是身体缺水的信号，持续时间长会增加肾脏功能受损和泌尿系统失调的风险，等口渴再喝水，极易造成身体脱水，就会出现工作效率严重下降、头疼、烦躁不安等情况。如果水的摄入量长期较低，还会增加心脏问题、便秘等疾病的可能性。

3. 睡前少喝水，起床及时补充水分

睡前饮水过多不仅会夜间频繁上厕所，降低睡眠质量，还会加重肾脏负担，隔天早上起床，脸部及身体也会出现浮肿等情况。夜间人体流失的水分，起床后应及时补充。

4. 多喝白开水

科学家研究发现，煮沸后自然冷却的凉开水最容易透过细胞膜，促进新陈代谢，增进免疫功能，提高机体抗病能力。习惯喝白开水的人，体内脱氧酶活性高，肌肉内乳酸堆积少，不容易产生疲劳。白开水进入人体后可以立即发挥新陈代谢功能，调节体温、输送养分。

5. 不喝放置过久的水

白开水不能在空气中暴露太久，否则会失去生物活性，从而失去很多特殊功能，不仅没有了各种矿物质，而且还可能增加某些有害物质的含量，喝了这种水，会使未成年人细胞新陈代谢明显减慢，影响生长发育，会使中老年人加速衰老，还可能致使食管癌、胃癌发病率增加。

任务四　幼儿盥洗保育

学习目标

知识目标：能掌握并描述幼儿盥洗保育的意义和工作内容、幼儿盥洗保育的工作任务和工作要点。

能力目标：能按照幼儿盥洗保育的工作要求，主动获取并整理有效信息，正确开展岗位情景演练，乐于展示成果、善于总结反思，提高职业能力。

素养目标：能积极参加学习和实操，涵养教育情怀，感悟幼儿盥洗保育工作中蕴含的劳动精神和爱岗敬业精神，提高职业素养。

学习准备

资源预学：

实操视频资源：幼儿盥洗的操作步骤，七步洗手法

资料收集：

通过互联网查找、图书馆查阅、调研咨询等方式收集并整理幼儿盥洗保育工作相关资料。

情境描述

盥洗活动贯穿于幼儿一日生活活动的各个环节，是培养幼儿良好生活习惯的重要一环，常见的幼儿盥洗任务包括洗手、洗脸等。

引导问题

中一班的幼儿喜欢玩水，每次洗手总要在盥洗间停留很长时间，有时幼儿互相告状说某某占着水龙头不走开，经常可以看到幼儿从盥洗间出来时，衣服前襟、袖子、裤子都弄湿了。

小张老师为了培养幼儿良好的洗手习惯，一方面教幼儿学唱洗手儿歌，一方面讲解洗手的意义和操作步骤。她和幼儿一边念着儿歌，一边洗手：“小朋友，讲卫生，爱整洁，勤洗手。水龙头，先打开，小肥皂，握手中。洗手方法要注意！搓手心，搓手背，搓手指，搓手缝。冲干净，擦干净，最后关紧水龙头。好习惯，每天做，身体健康乐呵呵。”在游戏的情境中，小张老师一边给幼儿做示范，一边帮助个别年龄较小的幼儿。儿歌教完了，幼儿的小手也洗干净了，谁也没有弄湿前胸和袖子，也没有小朋友告状了，大家都非常开心。

1. 作为一名保育师，你怎么理解幼儿盥洗保育的意义和工作内容？

____

____

____

2. 案例中《洗手歌》把洗手分几步？幼儿盥洗的操作步骤有哪些？

____

____

____

3. 案例中保育师用哪些方法指导幼儿洗手？幼儿盥洗保育的工作要点有哪些？

____

____

____

任务实施

幼儿盥洗保育工作情景演练

实施背景

在幼儿盥洗保育工作中，经常会遇到幼儿盥洗不主动、不认真，盥洗方法不科学，玩水、嬉戏打闹等问题。

实施准备

实训环境：幼儿园仿真实训室、网络学习终端。

组建小组：学生按照“同组异质、异组同质”原则自由组建，每组4—6人。

实施内容

借助线上线下各类资源，选取某个盥洗问题，开展幼儿盥洗保育工作情景演练。

实施过程

1. 教师向各小组提出任务要求；
2. 各小组按要求开展研讨、撰写方案；
3. 各小组按本组方案进行演练准备；
4. 各小组依次进行保育工作情景演练展示，演练的同时有小组成员在一旁解说。

解说词：

____

____

____

实施反思

1. 其他小组的展示，你最喜欢哪个？试对其进行评价。

____

____

2. 看过其他小组的展示后，你认为本组的展示有哪些地方可以改进？

____

____

3. 通过参加幼儿保育工作情景演练，你有哪些收获和感悟？

____

____

讨论记录

____

____

____

巩固练习

【单选题】

1. 组织幼儿盥洗要(　　)进行,减少拥挤。

A. 快速　　B. 集中

C. 分组　　D. 缓慢

2. 幼儿洗手的操作步骤是(　　)。

A. 卷—湿—冲—搓—甩—擦—放　　B. 卷—湿—搓—冲—甩—擦—放

C. 卷—湿—搓—冲—甩—放—擦　　D. 卷—湿—冲—搓—甩—放—擦

3. 七步洗手法的操作步骤是(　　)。

A. 外—内—夹—弓—大—立—腕　　B. 外—内—夹—弓—立—大—腕

C. 内—外—夹—弓—大—立—腕　　D. 内—外—夹—弓—立—大—腕

【判断题】

1. 七步洗手法的第四步“弓”指的是手指对另一手掌,双手紧扣搓揉。(　　)

2. 幼儿洗手时,先用流动水把手淋湿,再涂抹洗手液(肥皂)。(　　)

任务评价

任务评价表

班级:　　　　姓名:　　　　学号:

评价项目	评价内容和标准	个人自评(0—20分)	小组评价(0—30分)	教师评价(0—50分)
知识技能	能掌握并描述幼儿盥洗保育的意义和工作内容,幼儿盥洗保育的工作任务和工作要点。			

续表

评价项目	评价内容和标准	个人自评（0—20分）	小组评价（0—30分）	教师评价（0—50分）
职业能力	能按照幼儿盥洗保育的工作要求，主动获取并整理有效信息，正确开展岗位情景演练，乐于展示成果、善于总结反思，提高职业能力。			
职业素养	能积极参加学习和实操，涵养教育情怀，感悟幼儿盥洗保育工作中蕴含的劳动精神和爱岗敬业精神，提高职业素养。			
总评分				
任务反思				

学习支持

一、幼儿盥洗保育的意义

盥洗是幼儿一日生活的重要环节，可使幼儿皮肤保持清洁，提高抵抗力，维护身体健康，同时，还可以培养幼儿爱清洁、讲卫生的好习惯，提高幼儿生活自理能力。因此，科学开展幼儿盥洗保育是保障幼儿身体健康的第一道防线。保育师应指导幼儿掌握正确的盥洗程序和方法，经过反复练习，形成行为习惯，以此完成幼儿生活自理能力的培养，预防传染病的发生，使幼儿尽早成为独立自主的社会人。

二、幼儿盥洗保育的工作内容

（1）创设良好的盥洗环境。做好盥洗室的卫生清洁工作，保持地面和洗手池台面的干燥整洁，为幼儿准备毛巾、洗手液（肥皂）等盥洗用品，放在固定且方便幼儿取用的地方。

（2）重视盥洗前教育提醒。用形象生动的语言向幼儿介绍洗手、洗脸与身体健康的关系，告诉幼儿盥洗活动中存在的安全隐患，提醒幼儿在饭前便后、外出活动后、午睡后及手脏时进行盥洗。

(3) 加强盥洗中组织指导。组织幼儿盥洗要分组进行，减少拥挤，盥洗过程中及时示范或提醒幼儿洗手、洗脸的正确方法，注重培养幼儿安全有序盥洗和节约用水的良好习惯。

(4) 做好盥洗后卫生清洁。幼儿盥洗后及时对盥洗室进行刷洗清理，保持地面、台面干燥和洗手池、水龙头清洁，防止幼儿滑倒摔伤或弄湿衣物。

三、幼儿盥洗保育的工作任务

1. 幼儿洗手的操作步骤

卷：卷起袖子，以免打湿衣服。

湿：用流动水把手淋湿，涂抹洗手液(肥皂)。

搓：按照七步洗手法揉搓双手。

冲：用流动水把手冲洗干净。

甩：在水池内轻甩双手。

擦：找到自己的毛巾擦干双手。

放：放下袖子，有序离开，需要时可以擦护肤品。

【拓展延伸】

七步洗手法

(1) 内：手掌对搓。

(2) 外：手掌对手背，十指交叉搓揉，双手交互进行。

(3) 夹：手掌对手掌，十指交叉搓揉。

(4) 弓：手指弯曲对另一手掌，双手紧扣搓揉。

(5) 大：旋转拇指，双手相互进行。

(6) 立：五指并拢，在另一掌心旋转搓揉，双手交互进行。

(7) 腕：手腕部，双手交互搓揉。

2. 幼儿洗脸的操作步骤

卷：卷起袖子，以免打湿衣服。

湿：拿取自己的毛巾，用流动水把毛巾打湿，然后拧干。

擦：用毛巾依次擦洗眼睛、鼻子、嘴、额头、脸颊、耳朵、脖子。

挂:将毛巾冲洗干净,拧干挂在指定位置。

放:放下袖子,有序离开,需要时可以擦护肤品。

四、幼儿盥洗保育的工作要点

保育师应在教师的指导下,重点从以下几个方面指导幼儿盥洗:

(1)培养幼儿主动盥洗意识。保育师可以每天和幼儿一起洗手、洗脸,让幼儿意识到盥洗的重要性,可以围绕洗手、洗脸活动,通过创设游戏情景、学诵趣味儿歌、及时肯定表扬等多种形式,让幼儿爱上洗手、洗脸。

【拓展延伸】

幼儿洗手时常敷衍了事,嬉戏打闹怎么办?

幼儿洗手时经常会出现洗不彻底、洗不干净,或是把手伸到水龙头下一沾水马上就离开,或是和旁边幼儿边聊天边洗手等等这样的问题。

问题诊断:对于托小班幼儿,主要是因为手部小肌肉动作发展相对迟缓,其对程序性和细致性动作的记忆较为困难,所以在洗手过程中容易出现粗心大意,不能正确运用七步洗手法洗手。对于中大班幼儿,一是还没有建立洗手对身体健康重要性的认知,二是随着年龄的增长,幼儿的活动空间扩大,各方面的能力也在逐渐提高,对洗手活动的兴趣早已被其他活动所取代,所以洗手对他们来说只是例行公事,显得乏味、重复又缺乏挑战性。

问题解决:针对托小班幼儿,教师要通过多种简单有趣的办法让幼儿掌握正确洗手的程序和方法,如将整个洗手环节进行拆分,按照程序性活动的联系脉络和节奏性语言的脉络,即教师自编儿歌的串联和引导,让幼儿掌握正确的洗手方法,体验洗手过程的乐趣。对于中大班幼儿,由于求知欲强,喜欢探究,教师可巧设问题,组织幼儿开展讨论,引发幼儿的认知冲突,让幼儿懂得即使手看上去干净也要及时洗手的原因,进而培养幼儿主动洗手的意识。

(2)引导幼儿安全有序盥洗。保育师要组织幼儿有序进入盥洗室,时刻关注盥洗室情况,引导幼儿不在盥洗室嬉戏打闹,不玩水、不玩洗手液,不浸湿衣服,不把水甩到别人身上和地上。

【拓展延伸】

幼儿洗手时经常弄湿衣袖、地面怎么办?

幼儿经常洗完手会弄湿手腕至胳膊肘处的衣袖，尤其是托小班幼儿，袖口湿得很厉害。在秋冬季节，由于幼儿穿的衣服较多，有时常常会弄湿里外几层衣袖，而且经常洗完手后，洗手池的地面会有一片水迹，很容易让幼儿滑倒。

问题诊断:出现这些情况的原因主要有以下几点:一是幼儿没有挽袖子的习惯，洗手时不挽袖子;二是幼儿冲洗双手时指尖向上，水流顺着胳膊肘往下流，弄湿了衣袖;三是尽管幼儿知道挽袖子，但袖子没有挽到胳膊肘以上或是袖子挽得太松滑落下来，导致衣袖被溅湿;四是教师的帮助指导不够及时有效。

问题解决:由于幼儿期记忆特点所限，幼儿对自己感兴趣的事物不能保持长时间的、稳定的注意，所以在洗手活动中教师不能一次对幼儿提出过多的要求，须将整个洗手环节分解成一系列有趣的程序性活动，并结合本班幼儿的性格特点和学习特点自编儿歌，通过说做一体的学习策略，让幼儿在轻松愉悦中学习“卷、湿、搓、冲、甩、擦、放”的正确洗手方法，逐步养成良好的洗手习惯。

(3) 培养幼儿节约用水习惯。保育师要提醒幼儿盥洗时轻轻拧开水龙头，水流不能太大，做到随用随关，养成节约用水的好习惯。

(4) 培养幼儿独立盥洗能力。保育师要放手让幼儿自主、独立地进行盥洗，不要包办代替，对于学习和动手能力较弱的孩子，要有耐心，多鼓励、多示范。

(5) 做好盥洗保育的家园共育。要及时与家长沟通幼儿在园盥洗情况，积极了解幼儿在家盥洗情况，引导家长掌握科学的幼儿盥洗习惯培养的要求和方法，做好家园共育。

任务五　幼儿如厕保育

学习目标

知识目标：了解幼儿如厕恐惧和便秘的原因，熟知并掌握幼儿如厕保育的意义和工作内容，照顾幼儿如厕的工作任务和工作要点。

能力目标：能按照幼儿如厕保育的工作要求，主动搜集并整理有关信息，积极进行演练和反思，掌握培养幼儿如厕习惯和卫生习惯的方法。

素养目标：能积极参加学习和实操，涵养教育情怀，感悟幼儿如厕保育工作中蕴含的劳动精神和爱岗敬业精神，提高职业素养。

学习准备

微课视频资源：幼儿如厕保育的意义、工作内容和要点，如厕指导和便后收尾

实操视频资源：如厕准备，排便习惯训练

资料收集：

通过互联网查找、图书馆查阅、调研咨询等方式收集并整理幼儿如厕保育工作相关资料。

情境描述

如厕是幼儿一日生活中的重要内容，是幼儿生活教育的重要环节，保育师要通过如厕指导来培养幼儿正确的如厕方法和卫生习惯，提高幼儿的生活自理能力。

引导问题

涵涵是小一班的孩子，已经入园两周了，张老师是小一班的保育老师。周五放学时，涵涵妈妈告诉张老师，涵涵这两周经常在回家后飞奔厕所大小便，而且大便时很痛苦，似乎出现了便秘的情况。张老师回忆涵涵在幼儿园的如厕情况，确实发现她很少在幼儿园大便，有的时候组织小朋友上厕所，涵涵也仅仅是排队进去排队出来，并没有大小便。老师询问时，涵涵会说没有大小便或不想大小便。面对这些挑战，张老师要如何处理才好呢？

1. 讨论一下，涵涵为什么回家后会飞奔厕所？

____

____

2. 怎样培养幼儿的如厕习惯？

____

____

任务实施

幼儿如厕保育工作情景演练

实施背景

在组织幼儿如厕时，经常会遇到幼儿不愿如厕，如厕时弄湿衣服，喧闹玩耍，不会提裤子，不会擦屁股，便后不洗手、不冲水等情况。

实施准备

实训环境：幼儿园仿真实训室、网络学习终端。

组建小组：学生按照“同组异质、异组同质”原则自由组建，每组4—6人。

实施内容

借助线上线下各类资源，选取某个如厕问题，开展幼儿如厕保育工作情景演练。

实施过程

1. 教师向各小组提出任务要求；

2. 各小组按要求开展研讨、撰写方案；

3. 各小组按本组方案进行演练准备；

4. 各小组依次进行保育工作情景演练展示，演练的同时有小组成员在一旁解说。

解说词：

______

______

______

实施反思

1. 其他小组的展示，你最喜欢哪个？试对其进行评价。

______

______

2. 看过其他小组的展示后，你认为本组的展示有哪些地方可以改进？

______

______

3. 通过参加幼儿保育工作情景演练，你有哪些收获和感悟？

______

______

讨论记录

______

______

______

巩固练习

【多选题】

1. 幼儿如厕保育的工作内容有（　　　　）。

A. 创设良好的如厕环境　　B. 重视如厕前教育提醒

C. 加强如厕的组织指导　　D. 做好如厕后收尾工作

2. 幼儿便秘常见的原因有（　　　　）。

A. 肠道菌群失衡　　B. 肠道功能异常

C. 脾胃虚弱　　D. 蛋白质摄入不足

3. 培养幼儿如厕习惯的方法有(　　　　　)。

A. 图例法　　　　B. 游戏法

C. 榜样法　　　　D. 童谣法

【简答题】

1. 如厕准备环节,有哪些工作需要做?

______

______

______

2. 简述如厕保育工作的要点。

______

______

______

任务评价

任务评价表

班级:　　　　姓名:　　　　学号:

评价项目	评价内容和标准	个人自评(0—20分)	小组评价(0—30分)	教师评价(0—50分)
知识技能	了解幼儿如厕恐惧和便秘的原因,熟知并掌握幼儿如厕保育的意义和工作内容,照顾幼儿如厕的工作任务和工作要点。			
职业能力	能按照幼儿如厕保育的工作要求,主动搜集并整理有关信息,积极进行演练和反思,掌握培养幼儿如厕习惯和卫生习惯的方法。			
职业素养	在积极参加学习和实操的过程中,培养学生的教育情怀,感悟幼儿如厕保育工作中蕴含的吃苦耐劳的品质和爱岗敬业的精神。			
总评分				
任务反思				

学习支持

一、幼儿如厕保育的意义

如厕这一人们习以为常的生活活动,对幼儿具有重要的意义。首先,从生理方面来看,排便是新陈代谢的重要环节,人体在吸收营养物质的同时,通过大小便排出体内的毒素和垃圾,对幼儿的身体健康具有重要意义。从心理方面来看,弗洛伊德认为,过于放纵或严苛的排便训练不利于儿童人格的发展,可能会使幼儿形成不讲规则、固执、吝啬、死板或强迫的性格。从社会方面看,掌握为社会规则所接受的如厕习惯和卫生习惯,是幼儿社会性发展的重要内容,有助于提高幼儿的社会适应能力。

二、幼儿如厕保育的工作内容

(1)创设良好的如厕环境。保育师做好清洁工作,保持厕所地面、便器、洗手台干燥卫生,空气流通;为幼儿准备纸巾、盥洗用品等,放在固定且方便幼儿取用的位置。

(2)重视如厕前教育提醒。教师和保育师要告诉幼儿,有如厕需求时要向教师表明意愿,同时要向幼儿强调,除集体组织如厕之外,个人还可根据自己的情况按需小便,定时大便。教师和保育师要时刻注意提醒幼儿如厕期间存在的安全隐患。

(3)加强如厕的组织指导。组织幼儿如厕时要排队进行,避免拥挤,如厕过程中提醒幼儿大小便的正确方法,注重培养幼儿安全有序如厕和节约用水的良好习惯。

(4)做好如厕后收尾工作。提醒幼儿如厕后洗手、冲水,保育师须对厕所进行必要清理,保持地面、台面干燥和洗手池、水龙头清洁,防止幼儿滑倒、摔伤或弄湿衣物。

三、幼儿如厕保育的工作任务

(一)如厕准备

(1)提供专用洁具。幼儿园要提供专为幼儿设计的厕所和洁具,如高低适宜的洗手台,方便使用的便器,大小合适且柔软的厕纸等。

(2)分辨男女厕所。厕所上要张贴形象的男女性别图示,教师和保育师要指导幼儿分辨男女厕所,区分自己的性别。

(3)清洁厕所卫生。保证厕所通风,空气无异味。擦干洗手台和洁具,拖干地面水渍,保证厕所干燥,排除安全隐患。

(4)摆放盥洗用品。保育师要及时补充卫生用品，如卷纸、香皂、洗手液、垃圾篓、垃圾袋等，并放在便于使用的位置。

(5)培养如厕习惯。教师和保育师要在日常教育活动和生活中使用多种方式培养幼儿良好的如厕习惯，如表达排便需求，便前便后洗手，排队如厕及使用正确的如厕动作等。

(6)营造如厕氛围。教师和保育师要着力营造宽松、接纳的氛围，以此来帮助幼儿克服因环境变化、师幼关系、不当训练等造成的如厕恐惧，更好地养成排便习惯。

(7)重视便前提醒。提醒幼儿除在集体组织如厕外，也可以根据个人情况按需小便、定时大便。

【拓展延伸】

培养幼儿如厕习惯的方法

(1)图例法：幼儿园可以在厕所、洗手台墙面的显眼位置张贴或创作如厕动作示意图、洗手动作步骤示意图等，用儿童熟知的人物形象和生动的图例创造良好的如厕环境。

(2)榜样法：幼儿的模仿能力很强，在培养幼儿良好如厕习惯时，保育师应经常运用榜样对幼儿进行教育和训练。比如，在组织幼儿排队如厕时，让等待的幼儿观察前面幼儿的良好行为；在组织幼儿洗手时，请几名洗手方法掌握得好的幼儿进行示范。同时，对被模仿和学习的幼儿进行表扬，既可以激发其他幼儿产生要学习的愿望，也会让被模仿和学习的幼儿产生自豪感，从而巩固良好的如厕习惯。

(3)童谣法：对于简洁明快、富有韵律、幽默风趣的童谣，幼儿喜欢朗诵也容易理解。幼儿在反复诵读童谣的同时将相应规则逐渐内化。比如，排队童谣："小朋友，排队走，你在前来，我在后，不说话，不回头，老师夸我真优秀。"如厕童谣："老师夸我本领大，拉完大便自己擦。脏纸放进纸篓里，两手用力把裤提。便后记住要冲水，最后洗手我也会。"

(4)游戏法：幼儿喜欢玩游戏，教师在平时的教育活动中可以设计与如厕相关的游戏，比如让幼儿给娃娃擦屁股，或者组织幼儿扮演小动物，轮流上厕所等。

(5)家园合作：通过社交软件将幼儿在幼儿园的如厕情况及时告知家长，不定期召开与幼儿如厕相关的家长会，向家长普及幼儿如厕训练的方法，如：同性家长进行如厕示范，选用合适洁具吸引幼儿如厕兴趣，及时鼓励和表扬正确行为等。主动的沟通可以让家长对孩子在幼儿园的生活感到放心，在提高家长对孩子的如厕训练能力的同时,增进家长对教师和保育师的信任。

(二)如厕指导

(1)指导幼儿专心排便。指导幼儿要专心排便,排便时不做无关的事情,不与小朋友说话、不玩玩具、不嬉戏打闹。

(2)指导幼儿使用便器。提醒幼儿大小便入池,指导幼儿正确使用坐便器和蹲便器,防止大小便溅出,弄脏自己或他人的衣物。

(3)指导幼儿清洁污物。指导幼儿便后清洁污物,正确的动作为从前到后擦拭,并将废纸扔入废纸篓。教师和保育师在必要时帮助能力较弱的幼儿清洁污物。

(4)把控幼儿排便时间。大便时间每次控制在5分钟左右,最好不超过10分钟。大便时间过长可能会造成肛门肌疲劳,腿和臀部麻木,不利于幼儿的健康。

(5)进行排便训练。对尚未形成良好排便习惯的幼儿进行排便指导和排便习惯训练,帮助幼儿正确使用便器,掌握排便能力。

【拓展延伸】

排便习惯训练

排便习惯训练(DHP)是一种渐进性训练,一般在幼儿18个月龄时开始进行。训练过程根据幼儿的兴趣、能力逐步开展。在训练过程中,排便能力出现倒退也是可接受的,允许反复训练。具体操作如下:

1. 便器选择

(1)便器要符合幼儿的喜好和审美习惯。比如,男孩子喜欢汽车或者动物造型,女孩子喜欢粉色、公主造型。如果可以,最好让孩子参与便器的选择过程,这样孩子主动使用便器的意愿会更高。

(2)便器高度适宜。坐便时使双膝水平高于臀部,双脚能踩在地面上,以便孩子用力。

(3)把便器放在孩子便于使用的位置,可以是卫生间也可以是其他的地方。

2. 训练方法

(1)选择排便时间。建议家长在孩子餐后或醒后30—60分钟进行,同时家长要告诉孩子排便时间到了。每次排便5—10分钟较适宜,避免排便时久蹲久坐。

(2)指导孩子学会排便用力方式。家长可以用手轻微按在孩子下腹部,同时发“嗯”声,让孩子体会下腹部用力的感受。提示孩子在吸气后短暂屏气用力,增加腹内压，学会协调肛门内、外括约肌运动。

(3) 排便训练的早期，如果孩子愿意，非排便时间也可以让孩子在坐便器上坐一会儿，以增加孩子对坐便器的喜爱程度。

(4) 训练过程中注意孩子的情绪，多用奖励和表扬，不给孩子施压。

（三）便后收尾

(1) 指导幼儿提裤子。鼓励幼儿便后自己提裤子，参考方法为：内裤和裤子自然提起，调整舒适，将上身内衣塞进裤子里，不露肚脐与后脊背，最后，将外衣拉平整。提醒幼儿不要过度向上拉扯内裤，帮助能力较弱的幼儿提裤子、整理衣服。

(2) 提醒幼儿冲洗厕所。教师和保育师应指导幼儿使用冲水开关，提醒幼儿及时把厕所冲干净，然后才能离开。

(3) 提醒幼儿便后洗手。教师和保育师提醒并指导幼儿便后使用洗手液或肥皂洗手，养成良好的卫生习惯。

(4) 特殊幼儿保育。对能力较弱的幼儿，要给予帮助，同时细心观察并培养其生活规律，提高其生活自理能力。

(5) 特殊情况保育。对大小便拉在身上的幼儿要及时为其更换衣物，清洗身体，并注意保暖，避免在换洗衣物时患上感冒。在照顾幼儿如厕时，保育师要细心观察幼儿大小便的情况，发现异常，要及时处理。

四、幼儿如厕保育的工作要点

(1) 清洁污物要点。为幼儿清洁污物时要注意力度。女孩子清洁污物时，要从前向后擦拭。

(2) 如厕次数要求。不能限制幼儿的如厕次数，但要把握好如厕时长。

(3) 做好观察记录。对胆小和便秘幼儿应及时督促大便，并做好记录，总结大便的时间和规律，以此来培养幼儿良好的排便习惯。

【拓展延伸】

便秘的预防

1. 食物要少，食材要小

给幼儿盛饭的时候，一次不要过多，可以多次添加，每餐尽量要求幼儿吃完，养成良好的就餐习惯。此外,食物当中应避免有粗糙大块的食物,这些都容易让幼儿的肠胃阻塞,引起消化不良。

2. 少吃多餐

幼儿的胃容量小,但幼儿精力旺盛,活动量大。因此,每餐不能吃太多,但是每隔三四个小时都要进行加餐,补充能量和营养。所以孩子的饮食,应坚持少食多餐。

3. 补充膳食纤维

膳食纤维是指不被人体消化的多糖类碳水化合物和木质素的总称,膳食纤维在肠道内可以增加大便的体积及松软程度,从而有助于排便。让幼儿多吃全谷物、薯类、豆类、菌类、坚果等食物,适度增加膳食纤维的摄入量,从而促进其排便。

4. 适当运动

鼓励幼儿多参加体育运动,因为运动可以提高孩子的身体素质,强化器官功能,增加肠胃蠕动,促进排便。此外,家长也可以在孩子睡前以其肚脐为中心,按顺时针方向按摩腹部,这样不仅可以促进孩子的肠胃蠕动,还有助于其入眠。

5. 养成良好的排便习惯

幼儿的肠道功能、肛门括约肌尚不成熟,需要家长提醒幼儿排便,并教会幼儿在有便意时向家长和教师求助,让孩子养成定时排便、按需排便的习惯。

6. 补充水分

水是人体最不可或缺的物质,让幼儿适时饮用适量的水,可以帮助肠胃消化和吸收食物,还能够促进肠胃蠕动,维持肠道的湿润环境,预防便秘。

7. 注意口腔卫生

很多家长对于口腔卫生是忽视的,但是,如果孩子的牙齿不好,可能会变得挑食,食欲不振,消化不良,这自然也会影响排便。

(4)加强安全防护。幼儿如厕时,需要有保育师在场,组织好如厕秩序,及时观察幼儿的排便情况,同时保护好幼儿的安全。

(5)捎带备用衣裤。对于经常尿裤子、拉裤子的幼儿,可以请家长给孩子捎带备用衣裤,便于更换。

(6)家园合作共育。教师和保育师要和家长多沟通,鼓励同性别家长在幼儿如厕训练时积极发挥示范指导作用。

【拓展延伸】

保护幼儿隐私权

在幼儿园,卫生间是一个极为特殊的地方。幼儿如厕时,需要有教师和保育师的陪护,因此幼儿如厕期间的隐私权、人格权利,需要我们特别重视。有些幼儿园,男女生同厕,教师和保育师更要注意引导幼儿的言行,及时纠正幼儿间涉及隐私和人格的不当言行,培养幼儿对两性的健康好奇心。《中华人民共和国未成年人保护法》第四章第三十九条规定,任何组织和个人不得披露未成年人的个人隐私。因此,要增强对幼儿隐私保护的意识,同时提高师德修养,把保护幼儿隐私视为我们的责任。

任务六　幼儿午睡保育

学习目标

知识目标：能掌握并阐述幼儿午睡的意义，幼儿午睡保育的工作内容、工作任务和工作要点。

能力目标：能按照幼儿午睡保育的工作要求，主动检索和学习相关信息，正确开展岗位情景演练和反思，提高午睡保育工作中的各项能力。

素养目标：能积极参加学习和实操，涵养教育情怀，感悟幼儿午睡保育工作中蕴含的劳动精神和爱岗敬业精神，提高职业素养。

学习准备

资源预学：

微课视频资源：幼儿午睡保育的意义、工作内容和要点

实操视频资源：幼儿午睡保育工作任务

资料收集：

通过互联网查找、图书馆查阅、调研咨询等方式收集并整理幼儿午睡保育工作相关资料。

情境描述

午睡活动是幼儿园生活中非常重要的一环，对培养幼儿良好的睡眠习惯，提高其生活自理能力非常重要。通常情况下，幼儿午睡的保育工作任务包括指导、帮助幼儿脱穿衣服、鞋袜，铺叠被子，巡视期间的问题处理等。

引导问题

小班的小朋友星星，睡眠习惯不好，经常躺下后不断翻身、蹬被子，睁着大大的眼睛四处张望，有时还会发出声音把旁边已经入睡的小朋友吵醒。

在一次午休值班时，保育师张老师遇到了一件令自己心有余悸的事情。这天午休，小朋友们刚躺下 10 分钟左右，张老师发现星星睁着眼睛，盯着天花板，腮帮子还鼓鼓的，嘴里好像含着什么东西。张老师觉得有些蹊跷和不安，赶紧过去让星星把嘴里的东西吐出来，这才发现星星把教室黑板上的彩色磁扣放嘴里了。

这件事让张老师感到非常后怕，赶快和其他教师再次认真地检查了星星和其余小朋友的床铺，排除风险后，悬着的心才放下来。

1. 作为一名保育师，你怎么理解幼儿午睡保育的意义和工作内容？

____

____

____

2. 讨论一下，午睡前需要排查的安全隐患有哪些？

____

____

____

3. 案例中保育老师的处理方式有哪些可取之处？还可以再做哪些预防工作呢？

____

____

____

____

任务实施

幼儿午睡保育工作情景演练

实施背景

在幼儿午睡保育工作中，经常会遇到幼儿入睡困难，睡姿不良，不会脱穿衣服，睡眠过程中蹬被子、尿床等问题。

实施准备

实训环境：幼儿园仿真实训室、网络学习终端。

组建小组：学生按照“同组异质、异组同质”原则自由组建，每组 4—6 人。

实施内容

借助线上线下各类资源，选取午睡保育工作的某个环节或午睡中的某个问题，开展幼儿午睡保育工作情景演练。

实施过程

1. 教师向各小组提出任务要求；
2. 各小组按要求开展研讨、撰写方案；
3. 各小组按本组方案进行演练准备；
4. 各小组依次进行保育工作情景演练展示，演练的同时有小组成员在一旁解说。

解说词：

____

____

____

实施反思

1. 其他小组的展示，你最喜欢哪个？试对其进行评价。

____

____

2. 看过其他小组的展示后，你认为本组的展示有哪些地方可以改进？

____

____

3. 通过参加幼儿保育工作情景演练，你有哪些收获和感悟？

____

____

讨论记录

____

____

____

巩固练习

【单选题】

1. 3 至 4 岁幼儿睡眠时间建议为(　　)。

A. 14 小时　　B. 12 小时

C. 11 小时　　D. 10 小时

2. 对于易尿床的幼儿,最好每隔(　　)检查一下床铺是否尿湿。

A. 20 分钟　　B. 40 分钟

C. 60 分钟　　D. 90 分钟

3. 对于遗尿幼儿的处理,不恰当的是(　　)。

A. 提醒幼儿定时小便　　B. 快速帮幼儿更换衣物

C. 提醒家长带备用衣物　　D. 让幼儿穿湿衣服以做惩罚

【简答题】

1. 幼儿午睡保育的工作内容主要包括哪些方面?

____

____

____

2. 简述幼儿午睡前要做好哪些准备工作。

____

____

____

任务评价

任务评价表

班级：　　　　姓名：　　　　学号：

评价项目	评价内容和标准	个人自评（0—20分）	小组评价（0—30分）	教师评价（0—50分）
知识技能	能掌握并阐述幼儿午睡的意义，幼儿午睡保育的工作内容、工作任务和工作要点。			
职业能力	能按照幼儿午睡保育的工作要求，主动检索和学习相关信息，正确开展岗位情景演练和反思，提高午睡保育工作关注细节、沟通协作等各项能力。			
职业素养	能积极参加学习和实操，乐于展示和分享，涵养教育情怀，感悟幼儿午睡保育工作中蕴含的敬业精神，能意识到保育工作的重要价值，提高职业素养。			
总评分				
任务反思				

学习支持

一、幼儿午睡保育的意义

睡眠时，神经系统和肌肉得以调节和放松，有利于消除幼儿的身心疲劳，此外，脑垂体分泌的生长激素比平时增加三倍以上，有利于幼儿的身体发育。午睡对幼儿的情绪具有稳定作用，有利于幼儿的心理健康。午睡可以提高幼儿的认知水平，有助于下午的教育教学活动。根据《3—6岁儿童学习与发展指南》中健康领域的教育建议，幼儿每天需要11至12个小时的睡眠，其中应包含2小时左右的午睡时间。3—6岁幼儿睡眠时间建议为3—4岁12小时，4—5岁11小时，5—6岁10小时。

二、幼儿午睡保育的工作内容

(1)创设良好的睡眠环境。保持室内适度通风、光线幽暗柔和,保证寝室地面和寝具的卫生清洁,没有杂物,排除安全隐患,合理布置床位。

(2)午睡前的准备工作。饭后进行安静活动,营造良好睡前氛围,放松幼儿身心,做好睡眠准备。睡前指导幼儿脱衣服,同时检查幼儿身体情况,排除安全隐患。

(3)午睡中的巡视与照护。建立巡视制度,妥善处理睡眠中的各类问题,做好睡眠中的照护工作。

(4)午睡后的起床工作。引导和帮助幼儿快速穿衣服,铺好床铺,做好寝室的整理和消毒工作。

三、幼儿午睡保育的工作任务

(一)午睡前的准备工作

(1)保证寝室空气新鲜、温度适宜。室内要适度通风,保证寝室空气新鲜、干湿适宜。冬夏两季,可根据天气情况提前半小时左右打开空调,保证室内温度适宜。

(2)寝具的整理与安全隐患排查。幼儿的被褥、凉席要保持干燥、整洁、舒适,床位头尾交叉摆放,可以减少幼儿午休时相互打扰。认真排查寝具安全隐患,确保床体无裂痕、无毛刺,结合部无松动等。同时检查床铺上有无遗留的细小物件、零食、玩具等,避免幼儿午睡时入口,造成危险。

(3)组织适宜的睡前活动。睡前可以安排幼儿进行适度的户外散步和桌面游戏,帮助消化、放松心情,但要避免饭后剧烈运动。

(4)睡前如厕,防止尿床。饭后活动结束后,先如厕、洗手再上床,尤其是易尿床的幼儿要提醒其小便。为了防止尿床,睡前半小时尽量不要让幼儿饮水。

(5)营造适宜的午睡环境。幼儿入寝后要关上窗帘,保证室内安静、幽暗,也可以播放优美柔和的音乐,稳定幼儿的情绪,便于幼儿入睡。教师和保育师应创造轻松、愉悦的氛围,使幼儿在良好的精神状态下入睡。

(6)睡前安全与健康检查。检查幼儿衣服口袋,去掉头饰、挂饰等物件,防止危险品带到床上,对幼儿造成伤害。检查幼儿口腔、鼻腔是否有食物、异物。确认幼儿健康状态是否存在异样,如发热、红点、外伤等。提醒幼儿,午睡过程中如有不适要告诉老师。

(7)指导幼儿独立脱衣服。鼓励能力较强的幼儿独立脱衣服或相互帮助脱衣服,对能力弱的幼儿，教师和保育师可以帮助其脱衣服。

（二）午睡中的巡视与照护

（1）遵守巡视制度。幼儿园要建立巡视制度，值班教师要严格遵守巡视制度，并在值班期间及时做好巡视记录，填写值班表。

（2）保持安静和专注。值班教师和保育师要关闭室内多媒体，手机调至静音状态，不做无关的事情。

（3）语气动作要轻柔。值班教师巡视过程中动作要轻，如需指导幼儿或照顾幼儿，语气和动作要轻柔，不破坏寝室静谧的氛围。

（4）定时巡视与照护。每15分钟巡视一次，引导清醒的幼儿保持安静，并准备入睡。每40分钟左右检查易尿床的幼儿床铺是否尿湿。给蹬被子、卷被子的幼儿盖好被子。用轻柔的动作和语气调整幼儿的睡姿和其他不良睡眠行为。

【拓展延伸】

正确的睡眠姿势

仰卧，两腿自然伸直，两手垂直放在身体两侧，被子盖在脖子的下面。右侧卧，身体向右侧卧，自然弯曲，用被子将颈肩部位盖好。

不良的睡眠姿势

不良睡姿包括跪睡、趴睡、蜷缩一团睡、蒙头睡。保育师应认真观察不良睡姿。除习惯养成外，还预示着生理或行为的异常。如蒙头睡觉，可能是由于孩子发烧怕冷造成的，蜷缩成一团睡，可能是孩子尿床了，或者是在被窝里玩东西。

不良的睡眠行为

常见的不良睡眠行为有咬被角、枕巾、手指，抱毛绒玩具，扯被线、袜子、衣物，挖鼻孔、挖耳孔、玩生殖器、吃东西等。

（5）特殊幼儿的保育。睡眠习惯较差的幼儿，可由教师或保育师进行陪护。早醒的幼儿要引导其保持安静，以免打扰到其他人。对于始终无法入睡且情绪激动的幼儿，可由教师或保育师陪护带离寝室。

（6）特殊情况的处理。如果值班过程当中，发现身体不适的幼儿，应立刻检查并反馈给相关人员，以便及时处理。发现幼儿尿床，要尽快帮助孩子换下并晾晒尿湿的衣服和被褥，然后安抚孩子继续入睡。

(三)午睡后的起床工作

(1)播放轻音乐。通过幼儿园广播系统或教室多媒体播放音量适当的轻音乐,柔和地唤醒幼儿,避免突然起床引起幼儿感觉不适。

(2)练习起床操。起床前可带领幼儿做2至3分钟的起床操,活跃幼儿身心。

(3)发放衣服鞋袜。如果幼儿的衣服和鞋袜是集中收放的,要在起床前放到幼儿便于取用的位置。

(4)特殊情况处理。教师和保育师要注意观察幼儿的精神状态,发现异常要及时处理。如果幼儿有精神不佳,要及时地安抚。发现有幼儿尿床,要及时为其更换衣物,并将被褥拿出去晾晒。

(5)寝室消毒。所有人退出寝室后,打开紫外线灯消毒30分钟,并在结束后关闭紫外线灯。

(四)幼儿脱衣服的操作步骤

依次脱去鞋子、袜子、裤子。下身钻进被子后,再脱去上衣。教师和保育师要帮助能力弱的幼儿脱衣服。

(1)开襟上衣。将衣服扣子逐一解开,将衣襟拉至肩头,双手从后背拉衣袖,抽出手臂,脱下衣服。

(2)套头上衣。左手捏住右手外衣袖口,将右手退出衣袖;右手捏住左手外衣袖口,将左手退出衣袖。再将衣服下摆从下向上推至脖领处,将头从脖领钻出。

(3)脱裤子的方法。解开裤子扣子,拉下拉锁。将裤子从腰向下推至膝盖处。坐下,抽出一条腿,再抽出另一条腿。将裤子拿起来,把两条裤腿拉直。

(五)幼儿穿衣服的操作步骤

先穿上衣,预防感冒,再穿裤子和袜子。将上衣、裤子整理好,下床穿鞋子。穿好后,由教师帮助检查幼儿的衣服是否穿戴整齐。

为防止幼儿受凉感冒,穿衣服的时间节奏尽量紧凑,必要时教师可给予协助。

(1)开襟上衣。将扣子解开,双手提衣领两端,衣里向外,从左向右披至肩头。用左手拽住右侧衣襟,右手捏住内衣衣袖,将右臂伸入右侧衣袖内。用右手拽住左侧衣襟,左手捏住内衣衣袖,将左臂伸入左侧衣袖内。翻好衣领,对正衣襟,依次扣好扣子。最后检查衣襟是否对正,扣子是否扣错。

(2)套头上衣。先辨认衣服的正反面,将衣服正面朝下,平放在桌上,头从衣服下口钻入,从衣领口钻出。检查衣服正面是否在胸前。将左右手分别从衣袖中伸出,最后将衣服整理平整。

(3)穿裤子的方法。先将裤子抖开,放平,正面向上。双手拉住裤腰,两腿伸进裤内,从两个裤脚处出来。站起身,将裤子提起。将内衣向下拉平,放在裤子里面,扣上扣子,拉上拉锁。最后将外衣拉平盖在裤子上面。

(4)穿袜子的方法。手持袜筒,将有袜跟的一面向下,袜尖向前,放平。两手将袜筒推叠到袜后跟处,将一只脚穿进袜筒。将脚穿进袜尖,拉平,再穿脚跟,摆正后,提起袜筒。

(5)穿鞋子的方法。解开鞋带,拉松带子,或揭开鞋子魔术贴。看清左右脚,左脚穿进左鞋,右脚穿进右鞋。手指放进鞋后跟处,用力提拉鞋子,让脚完全穿进去。蹲下,将鞋带系上或将魔术贴粘好。小班幼儿可由保育师帮助系鞋带,中大班幼儿可以自己系鞋带。

(六)幼儿叠衣服与被子的操作步骤

叠好衣服和被子,均应放到指定位置。教师和保育师要在必要的情况下帮助能力弱的幼儿叠衣服与被子。

(1)叠衣服的方法。先提住衣服的两肩横线处,抖平后放在桌子上。若是开襟衣服,需将两个前襟依次向中间并拢、对齐。将两只袖子依次与肩平齐,折好。双手提住衣服下摆,向上对齐对折。如果有帽子,将帽子向下折好。最后将衣服整理平整。

(2)叠被子的方法。幼儿站在床侧面,将被子靠近自己的一端,长边向中间折,再将对应的一条边向中间对折。折好的长条形被子两端向中间对折,再对折,叠成豆腐块形状。拉平床单,枕头放在被子上,平铺枕巾。

四、幼儿午睡保育的工作要点

(1)遗尿幼儿的保育。保育师唤醒幼儿排尿时声音要轻柔,态度要亲切、和蔼,应避免大声吵闹,以防影响其他孩子的睡眠。同时,也要避免引起其他孩子的关注,保护遗尿孩子的自尊心。保育师更换被褥和帮助孩子换掉湿衣物的速度要快,避免孩子着凉。

【拓展延伸】

尿床是幼儿午睡中常见的问题,其原因主要有,精神紧张引起大脑皮质功能失调,或没有养成良好的排尿习惯。夜间尿床还有可能是因为白天过度疲劳造成的晚上睡眠过深。教师和保育师要重视幼儿尿床的问题并做好尿床的预防和矫治工作,可以从以下方面入手:第一,幼儿园的各项活动安排要劳逸结合,避免幼儿过度疲劳。第二,组织幼儿午睡前要控制饮水量,同时安排幼儿如厕。第三,教师和保育师要用心和幼儿建立起信任感与亲和感,提高幼儿的安全感,消除导致幼儿精神紧张的因素。第四,教师和保育师不要批评挖苦遗尿的幼儿,应帮助他们树立克服遗尿的信心。第五,教师和保育师要教育其他幼儿不能嘲笑尿床的幼儿。对尿床问题严重的幼儿,必要时建议其进行行为治疗或药物治疗。

保育师在幼儿午睡期间应对尿床问题时,也可以使用"渐进推测法"推断孩子可能尿床的时间并进行相应的保育工作。午睡推断尿床时间的操作方法如下:一是根据幼儿在饮水后20—40分钟排尿的规律,保育师要注意幼儿的饮食饮水情况,记录好易尿床幼儿最后的饮水时间和饮水量。二是在幼儿上床后40分钟检查有尿床历史的幼儿是否已经尿床,将手伸进幼儿的被子里,查看幼儿的褥子、裤子是否有尿湿的情况。三是对已经尿床的幼儿,要记录其姓名和尿床的时间。四是对还没有尿床的幼儿每隔一段时间检查一次,以便确定幼儿尿床的具体时间。五是根据累计多日的睡眠排尿观察记录,确定唤醒幼儿排便的时间,防止再尿床。

(2) 患病幼儿的保育。对生病的幼儿,保育师要按时喂药,值班期间也要多检查,发现异常要尽快处理。如果有幼儿的药忘记喂了,在允许的服药时间内,即使幼儿已经躺下或睡着了,保育师依然要将该幼儿唤起喂药,然后安抚其继续午休。

(3) 特殊幼儿的床位。体质弱或患病的幼儿应安排在背风处,体质较好或怕热的幼儿可以安排在通风处,但空调直吹处或门窗穿堂风口不宜安排床位。易尿床、入睡困难的幼儿安排在便于教师照护和管理的位置。

(4) 家园合作共育。为了培养幼儿良好的午休习惯,保育师应建议幼儿家长在有条件的前提下,在家里仍然按照幼儿园的午休习惯,安排幼儿午休。

【拓展延伸】

世界睡眠日

充足的睡眠、均衡的饮食和适当的运动,是国际社会公认的三项健康标准。2001年3月21日,国际精神卫生和神经科学基金会发起了一项全球性的活动,此项活动的重点在于引起人们对睡眠重要性和睡眠质量的关注,同时将每年的3月21日定为“世界睡眠日”。2003 年中国睡眠研究会把“世界睡眠日”正式引入中国，多年来，开展了一系列相关主题活动，2023 年世界睡眠日，中国的主题为“良好睡眠，健康之源”。

项目三

教育活动保育

任务一　室内活动前的准备

学习目标

知识目标：能掌握并描述室内活动前准备的意义、工作内容、工作任务和工作要点。

能力目标：能按照室内活动前准备的工作要求，主动获取并整理有效信息，正确开展岗位情景演练，乐于展示成果、善于总结反思，提高职业能力。

素养目标：能积极参加学习和实操，涵养教育情怀，感悟室内活动前准备保育工作中蕴含的劳动精神和爱岗敬业精神，提高职业素养。

学习准备

资源预学：

微课视频资源：室内活动前准备的意义、工作内容和要点

实操视频资源：室内活动前准备工作，纸质玩、教具制作

资料收集：

通过互联网查找、图书馆查阅、调研咨询等方式收集并整理室内活动前准备保育工作相关资料。

情境描述

室内活动开始前，保育师协助教师做好活动前的准备工作，是保证室内活动顺利开展的重要前提，常见的室内活动前准备任务包括教学活动前的准备、游戏活动前的准备等。

引导问题

端午节快到了，主班老师决定开展“画粽子”的绘画活动，身为保育师的刘老师在活动前积极与主班老师沟通，了解本次活动所需要的材料，例如，水彩笔、颜料盒、铅笔、画布等，并预设活动中可能发生的问题，做到心中有数。为了避免孩子打翻颜料弄脏桌子，刘老师给孩子提前准备了台布；为了让孩子身上少“挂花”，刘老师提前给每个孩子准备了袖套和围兜。此外，刘老师还协助主班老师布置活动场地和摆放活动材料。由于保育师刘老师在活动前做了充足的准备，“画粽子”的绘画活动开展得很顺利。

1. 作为一名保育师，你怎么理解室内活动前准备的意义和工作内容？

____

____

____

2. 案例中保育师刘老师在活动前做了哪些准备？教学活动前的准备还有哪些？

____

____

____

3. 根据上述案例分析室内活动前准备的工作要点有哪些。

____

____

____

任务实施

室内活动前准备保育工作情景演练

实施背景

在室内活动前准备的保育工作中，经常会遇到保育师没有提前了解活动计划，没有按活动要求准备活动材料，没有布置好活动场地等问题。

实施准备

实训环境：幼儿园仿真实训室、网络学习终端。

组建小组：学生按照“同组异质、异组同质”原则自由组建，每组 4—6 人。

实施内容

借助线上线下各类资源，选取某个活动前准备问题，开展室内活动前准备保育工作情景演练。

实施过程

1. 教师向各小组提出任务要求；
2. 各小组按要求开展研讨、撰写方案；
3. 各小组按本组方案进行演练准备；
4. 各小组依次进行保育工作情景演练展示，演练的同时有小组成员在一旁解说。

解说词：

____

____

____

实施反思

1. 其他小组的展示，你最喜欢哪个？试对其进行评价。

____

____

2. 看过其他小组的展示后，你认为本组的展示有哪些地方可以改进？

____

____

3. 通过参加幼儿保育工作情景演练，你有哪些收获和感悟？

____

____

讨论记录

____

____

____

巩固练习

【单选题】

1. 活动室内外温差不宜过大，尽量保持室内、外温差(　　)左右。

   A. 10℃　　B. 8℃

   C. 5℃　　D. 15℃

2. 活动材料应(　　)周消毒一次。

   A. 1　　B. 2

   C. 3　　D. 1—2

3. 幼儿园娃娃家、商场、医院属于(　　)。

   A. 角色游戏　　B. 建构游戏

   C. 表演游戏　　D. 体育活动

【多选题】

1. 室内活动前准备的工作内容有(　　　　)。

   A. 了解活动计划　　B. 布置活动场地

   C. 摆放活动材料　　D. 准备活动方案

2. 室内游戏活动前的准备有(　　　　)。

   A. 了解游戏玩法　　B. 准备游戏材料

   C. 组织幼儿如厕　　D. 检查幼儿衣着

任务评价

任务评价表

班级：　　　　姓名：　　　　学号：

评价项目	评价内容和标准	个人自评 (0—20分)	小组评价 (0—30分)	教师评价 (0—50分)
知识技能	能掌握并描述室内活动前准备的意义、工作内容、工作任务和工作要点。			
职业能力	能按照室内活动前准备的工作要求，主动获取并整理有效信息，正确开展岗位情景演练，乐于展示成果、善于总结反思，提高职业能力。			

续表

评价项目	评价内容和标准	个人自评（0—20分）	小组评价（0—30分）	教师评价（0—50分）
职业素养	能积极参加学习和实操，涵养教育情怀，感悟室内活动前准备保育工作中蕴含的劳动精神和爱岗敬业精神，提高职业素养。			
总评分				
任务反思				

学习支持

一、室内活动前准备的意义

高质量的教学活动，教师固然起着关键的引导作用，但保育师的作用也是十分重要的。只有保育师与教师相互沟通、配合，对幼儿渗透一致性的教育，引导幼儿积极、主动地活动，才能更好地推动教学活动顺利、有效地开展。室内活动开始前，保育师应积极配合教师做好准备工作，为幼儿创造一个丰富的、可感知的物质环境，为他们营造一种宽松、愉快的氛围，为幼儿提供更多的表现机会和条件，从而在丰富多彩的活动中，推动幼儿自主、快乐、全面、健康地发展。

二、室内活动前准备的工作内容

(1) 了解活动计划。活动开始前，保育师要积极与教师交流，了解周活动计划和日活动计划，并根据活动计划的要求，做好前期的准备工作，以便有针对性地协助教师完成教学任务，如材料的领取、废旧材料的收集、有关设备和设施的检查等。

(2) 布置活动场地。根据每个室内活动的不同要求，保育师应与教师和幼儿共同设计和布置活动的场地。按要求摆放设备和桌椅，保持地面清洁卫生、无杂物，保持室内良好的通风以及适宜的光照，确保室内活动场地安全、适宜。

(3) 摆放活动材料。布置好场地后，保育师应根据活动的需要和教师的要求，积极配合教师准备、摆放、分发活动材料，清点材料数量，检查有无破损、缺少或安全隐患，保证数量充足，必要时可配合教师根据活动需要制作简单的玩、教具。

【拓展延伸】

纸质玩、教具制作——四角风车的操作步骤

1. 工作准备

正方形彩色卡纸一张，大头针一枚，剪刀一把，小竹签/小木棍一根。

2. 制作步骤

(1) 将正方形卡纸沿两条对角线分别对折；

(2) 用剪刀将卡纸沿对角线裁剪各1/2的长度；

(3) 沿顺时针或者逆时针方向将四个三角形的一角每隔一个角折起来；

(4) 沿中心位置将大头针贯穿风车中轴位置；

(5) 最后将大头针穿过竹签或者木棍顶端位置。

(4) 帮助幼儿做好活动前的准备工作。活动开始前，保育师要根据活动要求协助教师做好幼儿的准备工作。如组织幼儿有序地如厕、喝水，及时清点人数；检查幼儿的着装是否安全、方便；排除与幼儿活动无关的人和物；协助教师稳定幼儿的情绪；照顾个别幼儿和体弱幼儿，与教师共同创设一个和谐、宽松的活动氛围。

三、室内活动前准备的工作任务

(一) 教学活动前的准备

(1) 了解教学活动内容。积极与教师交流，了解教学内容、教学准备、教学过程等相关事宜，结合实际提出建议，协助教师丰富幼儿与活动内容相关的经验。

(2) 按要求摆放桌椅。根据活动特点及教师要求摆放桌椅。要考虑到个别听力差、视力差和不爱讲话幼儿的实际情况，把他们的座位摆放在距离教师较近也最易观察到的位置，便于教师有针对性地进行指导。

(3) 调节光线及室温。活动室内光线暗，要及时开灯；光线太强，应拉上窗帘；室内外温差不宜过大，尽量保持室内外温差8℃左右。

(4) 布置教学环境，准备教学用具。依照教学内容的要求，积极配合教师布置教学环境，帮助教师准备、摆放、分发教学用具，保证数量充足，安全、清洁、无损坏。必要时可以在教师指导下进行简单的教具制作。

(5) 做好幼儿活动前准备工作。组织幼儿有序地如厕、喝水，及时清点人数；检查幼儿着装是否符合活动要求；稳定幼儿的情绪；照顾个别幼儿和体弱幼儿等。

(二)游戏活动前的准备

(1)了解游戏的玩法及注意事项。积极与教师交流,了解游戏的名称、玩法、类型和组织过程中应该注意的事项,提前做出恰当的安排,可结合实际提出建议。

(2)配合教师布置好游戏场地。做好地面、桌面的卫生消毒工作;根据天气情况,保持室内良好的通风及适宜的光照;确保室内游戏场地安全、适宜。

(3)配合教师准备游戏材料。配合教师为幼儿配备卫生、安全、数量充足的游戏材料。应保持玩具清洁、无灰尘、无黏附物。

(4)组织幼儿如厕、喝水。组织幼儿有序地如厕、喝水,及时清点人数。

(5)检查幼儿的衣着。以幼儿方便、安全进行游戏活动为着装要求,可指导中班、大班幼儿相互检查。

(6)排除与幼儿游戏活动无关的人与物。清除场地上与游戏无关的物品,检查场地有无安全隐患;如有外来人员听课,应把他们安置在幼儿身后。

四、室内活动前准备的工作要点

保育师应在教师的指导下,重点从以下几个方面进行准备工作:

(1)主动与教师沟通交流。交流内容如活动场地如何布置、桌椅如何摆放、活动材料如何准备等。可引导中班、大班幼儿共同参与准备工作。

(2)积极与教师探讨,达成保教一致。如可根据所了解的幼儿情况提出建议,以便教师制定更适宜幼儿发展的目标,体现教育和保育的完美结合。

(3)准备活动材料。可按教师要求指导幼儿利用自然物或废旧材料自制玩具;活动材料有损则及时修整、更换;活动材料应1—2周消毒一次,可用水洗的就用水清洗,不能用水洗的要经常在阳光下曝晒。

(4)保证活动质量。幼儿自我控制能力差,注意力容易被新异的人与物所吸引。因此,活动开始前,应尽可能地排除与幼儿活动无关的人与物,确保活动的质量。

(5)重视家园共育。保育师要提前和家长沟通交流,争取家长的配合和支持,共同做好活动前幼儿的准备工作。

任务二　室内活动中的配合

学习目标

知识目标：能掌握并描述室内活动中配合的意义、工作内容、工作任务和工作要点。

能力目标：能按照室内活动中配合的工作要求，主动获取并整理有效信息，正确开展岗位情景演练，乐于展示成果、善于总结反思，提高职业能力。

素养目标：能积极参加学习和实操，涵养教育情怀，感悟室内活动中配合保育工作中蕴含的劳动精神和爱岗敬业精神，提高职业素养。

学习准备

资源预学：

微课视频资源：室内活动中配合的意义、工作内容和要点，纠正幼儿不良姿势的工作内容及指导要点

实操视频资源：室内活动中的配合工作

资料收集：

通过互联网查找、图书馆查阅、调研咨询等方式收集并整理室内活动中配合保育工作相关资料。

情境描述

室内活动中，保育师配合教师组织好活动，是室内活动顺利进行的重要保障。常见的室内活动中配合任务包括教学活动中的配合、游戏活动中的配合等。

引导问题

本周五，主班老师在班里开展体育游戏活动“抢凳子”。活动开始后，保育师赵老师并没有离开，而是在教室里认真地观察着孩子游戏的进展情况：发现有注意力分散或不遵守游戏规则的幼儿，及时走过去制止；发现游戏中有困难的幼儿，及时提供帮助；发现大汗淋漓、头发衣服都湿透的幼儿，及时为他更换衣服。在保育师赵老师及时有效的配合下，主班老师顺利地完成了“抢凳子”的游戏活动。

1. 作为一名保育师，你怎么理解室内活动中配合的意义和工作内容？

____

____

____

2. 案例中保育师赵老师在活动中做了哪些配合？游戏活动中的配合有哪些？

____

____

____

3. 根据上述案例分析室内活动中配合的工作要点有哪些。

____

____

____

任务实施

室内活动中配合保育工作情景演练

实施背景

在室内活动中配合保育工作中，经常会遇到保育师随意走动、讲话，不能及时配合教师的活动，没有及时发现幼儿的异常情况等问题。

实施准备

实训环境：幼儿园仿真实训室、网络学习终端。

组建小组：学生按照“同组异质、异组同质”原则自由组建，每组4—6人。

实施内容

借助线上线下各类资源，选取某个活动中的配合问题，开展室内活动中配合保育工作情景演练。

实施过程

1. 教师向各小组提出任务要求；
2. 各小组按要求开展研讨、撰写方案；
3. 各小组按本组方案进行演练准备；
4. 各小组依次进行保育工作情景演练展示，演练的同时有小组成员在一旁解说。

解说词：

实施反思

1. 其他小组的展示，你最喜欢哪个？试对其进行评价。

2. 看过其他小组的展示后，你认为本组的展示有哪些地方可以改进？

3. 通过参加幼儿保育工作情景演练，你有哪些收获和感悟？

讨论记录

巩固练习

【多选题】

1. 保育师的指导方式应避免“三多”，即(　　　　)。

A. 包办多　　B. 暗示多

C. 指导多　　D. 直接告诉多

2. 室内教学活动中的配合有(　　　　)。

A. 协助教师做好教学活动的组织

B. 配合教师完成教学活动的任务

C. 关注幼儿的卫生和安全情况

D. 做好教学活动后的整理工作

【判断题】

1. 活动开始后，保育师可以在教室里随意走动观察幼儿的活动情况。(　　)

2. 在教学过程中，保育师应根据需要，帮助教师出示、操作、演示教学用品和用具，必要时还要承担一定的角色任务。(　　)

3. 要彻底改变多动、胆小、体弱等特殊幼儿的现状，保育师还要争取家长的配合，向家长介绍正确的指导方法，达到教育方向一致的理想效果。(　　)

任务评价

任务评价表

班级：　　　　姓名：　　　　学号：

评价项目	评价内容和标准	个人自评(0—20分)	小组评价(0—30分)	教师评价(0—50分)
知识技能	能掌握并描述室内活动中配合的意义、工作内容、工作任务和工作要点。			
职业能力	能按照室内活动中配合的工作要求，主动获取并整理有效信息，正确开展岗位情景演练，乐于展示成果、善于总结反思，提高职业能力。			

续表

评价项目	评价内容和标准	个人自评（0—20分）	小组评价（0—30分）	教师评价（0—50分）
职业素养	能积极参加学习和实操，涵养教育情怀，感悟室内活动中配合保育工作中蕴含的劳动精神和爱岗敬业精神，提高职业素养。			
总评分				
任务反思				

学习支持

一、室内活动中配合的意义

室内活动中，保育师积极主动配合教师，及时发现活动中的不足，并及时弥补，活动质量将在保教互补中得到保证。如：活动中，教师较长时间未提醒幼儿喝水，导致部分幼儿表现烦躁，注意力不集中，影响了活动的正常开展。保育师应及时提醒教师，协助教师解决幼儿生理上的需要，排除一切不利于幼儿活动开展的因素，保证室内活动的顺利进行。因此，保育师配合教师组织好室内活动，对切实做好保教结合，教养并重，促进幼儿健康成长，起着至关重要的作用。

二、室内活动中配合的工作内容

(1)协助教师做好活动的组织工作。活动中，保育师要帮助教师组织好活动、维持好秩序、稳定好幼儿的情绪，运用适当的方法集中幼儿的注意力，保证整个活动顺利有序地进行。

(2)配合教师完成活动任务。保育师要随时注意观察活动的进展情况，充分发挥教育机智，为教师查漏补缺，默契配合教师的活动需要，及时提供必要的帮助。

【拓展延伸】

在科学活动中，教师示范讲解得很仔细，孩子们听得也很投入。保育师忽然发现坐在后面的孩子秩序有些乱，小脑袋一会儿向左伸，一会儿向右伸，还有的干脆站了起来。保育师观察后发现，是因为实验用的水盆高度不够，造成孩子看不清教师做实验。怎么解决好这个问题呢？保育师顺手从架子上拿了两块厚积木，轻轻递给正在做实验的教师，教师马上明白了保育师的意思，很快把积木垫在实验用的水盆下面，后面的孩子都能看到后，混乱现象很快也就消失了。

案例点评

这是一个非常典型的保育师配合教师开展教学活动的案例。这位保育师明白，自己的任务不仅仅是照料幼儿的生活，还包括配合教师完成教学任务。所以，教师上课时她没有走开，而是在现场密切观察幼儿的活动状态，及时发现了秩序混乱问题，并迅速找出原因，果断采取行动，帮助教师解决了问题，使教育活动顺利进行，保证了良好的教学效果。

(3)及时关注幼儿的情况。活动中，保育师还要善于发现幼儿活动中的各种情况，适时适当地帮助幼儿。如发现幼儿有不良的动作、习惯时，要轻轻上前帮助纠正；发现有幼儿注意力转移或违反纪律时，要及时走过去制止；发现幼儿在活动中遇到问题时，要进行简单的辅导。

(4)重点关注特殊幼儿。保育师尤其要关注需要特殊照顾的幼儿，如肥胖儿和体弱儿等，并做好观察记录，及时向教师反映，之后共同讨论孩子活动中的特殊表现，并协助教师一起制定合理有效的教育措施。

三、室内活动中配合的工作任务

(一)教学活动中的配合

(1)协助教师做好教学活动的组织工作。保育师要协助教师集中幼儿的注意力，维持教学活动的秩序，以保证教学活动的正常进行。如在教学活动进行时，保育师不要打扫卫生，不要随意走动，不要讲话，以免吸引幼儿的注意力，影响教学活动的进行。

(2)配合教师完成教学活动的任务。在教学过程中，保育师应根据需要，帮助教师出示、操作、演示教学用具，必要时还要承担一定的角色任务。此外，保育师还应指导、督促、检查幼儿的学习情况，帮助幼儿解决操作中的困难和纠纷，以便协助教师完成教学活动任务。

(3)关注幼儿的卫生和安全情况。保育师还要加强活动中的卫生保健和安全教育。例如，及时纠正幼儿不正确的学习姿势，及时跟随个别如厕幼儿，严防发生意外事故等。

【拓展延伸】

纠正幼儿的不良姿势

1. 纠正幼儿不良姿势的意义

身体在坐、站、走、跑、卧时的习惯状态称为姿势，使幼儿从小养成良好的姿势，对其身心的健康发展有十分重要的意义。幼儿阶段是骨骼、肌肉及身体各器官和系统生长、发育的关键时期，身体姿势的正确与否，对其身体的生长发育会产生极大的影响。如果在这一阶段养成了不正确的姿势，不仅影响体态的美观，更会直接影响健康。如幼儿经常歪斜坐，久而久之就会成为习惯，进而影响脊柱的正常生长发育，造成脊柱侧弯，给其终身的发展造成极大的伤害。

正确的姿势不是天生的，而是在整个幼儿阶段形成的。保育师应该对此高度重视，在日常生活和活动中给予幼儿良好的影响，并随时提醒幼儿保持正确的姿势，及时纠正幼儿不良的姿势，保证其身心的健康发展。

2. 幼儿正确的姿势

(1) 正确的坐姿：头摆正，脚放平，身体坐直，两肩摆平，上身与大腿垂直，两脚着地。不要歪斜坐、躺坐、抖腿、跷二郎腿、趴着坐等。

(2) 正确的站姿：抬头、挺胸，两肩保持水平，双臂自然下垂，两脚自然分开。避免两肩歪斜、头不正、腰不直、抖腿、两脚不放正等姿势。

(3) 正确的走姿：上体伸直，双手自然摆动，上下肢动作协调，心情舒畅，步伐轻松。避免双脚呈外八字或内八字、弯腰、斜肩、上下肢不协调等姿势。

(4) 正确的跑姿。头肩摆正，上身稍前倾，两手握拳，屈肘在身体两侧，随身体的运动自然摆动，脚掌着地，步伐均匀。避免双脚呈外八字或内八字。

(5) 正确的读写姿势：头正，背直，胸挺起，端坐于桌前，身体离桌子一拳远，眼睛离书本一尺远。书写时，一只手握在离笔端半寸左右的位置上，另一只手自然地扶着书本。不要斜着头看、躺着看、趴着看等。

3. 纠正幼儿不良姿势的工作内容

(1) 及时发现。在活动和日常生活中，保育师要认真观察幼儿的表现，及时发现幼儿不正确的姿势。

(2) 及时纠正。针对幼儿姿势的不同情况，采取集体提醒、个别辅导的方式纠正幼儿不正确的姿势。

(3)及时提醒。在平时的活动中,保育师也要注意观察幼儿的行为表现,提醒幼儿保持正确的姿势。当幼儿能够保持正确的姿势时,保育师要及时给予表扬和鼓励,使之形成习惯。

4. 纠正幼儿不良姿势的指导要点

保育师应在教师的指导下,重点从以下几个方面指导幼儿:

(1)激发兴趣。兴趣是最好的老师。保育师可以通过讲故事、唱儿歌、玩游戏等形式,寓教于乐,激发幼儿保持正确姿势的兴趣。

(2)掌握技巧。保育师在纠正幼儿不良姿势时,要掌握教育的技巧。不能总是盯着孩子不正确的姿势,也要善于发现幼儿的正确姿势,并及时给予表扬,使其能够经常得到正面的强化。

(3)培养习惯。幼儿良好习惯的养成并不是一朝一夕的事情,需要长期培养。在日常生活和活动中,保育师要注意及时发现、纠正幼儿的不良姿势。

(4)家园共育。当发现幼儿有不良姿势时,保育师应及时与家长沟通,使家长重视幼儿的姿势问题,达到家园共育的效果。

(二)游戏活动中的配合

(1)配合教师做好游戏的组织工作。保育师应根据各类游戏的特点,帮助教师组织好游戏,维持好秩序;观察幼儿游戏的进展情况,配合教师稳定幼儿的情绪,协助教师给予幼儿适宜的帮助与指导。

(2)配合教师做好安全工作。活动中,保育师应及时排除观察到的安全隐患,及时清点人数,确保幼儿安全开展游戏。

(3)配合教师关注个体差异。保育师应根据幼儿活动量及气温的变化,及时帮助或提醒幼儿擦汗和增减衣服;照顾体弱幼儿,减少其运动量,对于哮喘患儿等特殊幼儿,根据病情给予特殊照顾和护理;及时提醒或制止个别幼儿的不适宜行为;及时跟随个别幼儿如厕。

(4)配合教师结束游戏。保育师应配合教师把握好时机,采用恰当的方式,愉快地结束游戏。

四、室内活动中配合的工作要点

保育师应在教师的指导下,重点从以下几个方面进行配合:

(1) 树立保教结合，有效促进幼儿发展的理念。指导方式力求科学，避免“三多”，即包办多、直接告知多、暗示多。对待幼儿应耐心、和蔼，与教师共同为幼儿营造愉悦、宽松的活动环境，激发幼儿参与活动的热情。

(2) 加强安全和卫生教育。认真观察，及时发现和制止活动中幼儿的危险或不卫生行为，协助教师维护活动秩序，确保活动顺利开展。

(3)关注特殊幼儿。关注注意力不集中、多动、胆小、体弱等个别参与性差的幼儿，尽可能地协助教师给幼儿创造更多体验成功的机会。

(4) 重视家园共育。要彻底改变多动、胆小、体弱等特殊幼儿的现状，保育师还要争取家长的配合，向家长介绍正确的指导方法，达到教育方向一致的理想效果。

任务三　室内活动后的整理

学习目标

知识目标：能掌握并描述室内活动后整理的意义、工作内容、工作任务和工作要点。

能力目标：能按照室内活动后整理的工作要求，主动获取并整理有效信息，正确开展岗位情景演练，乐于展示成果、善于总结反思，提高职业能力。

素养目标：能积极参加学习和实操，涵养教育情怀，感悟室内活动后整理保育工作中蕴含的劳动精神和爱岗敬业精神，提高职业素养。

学习准备

资源预学：

微课视频资源：室内活动后整理的意义、工作内容和要点

实操视频资源：室内活动后整理工作

资料收集：

通过互联网查找、图书馆查阅、调研咨询等方式收集并整理室内活动后整理保育工作相关资料。

情境描述

室内活动结束后，保育师指导幼儿一起对活动材料、场地、作品进行收拾整理，是培养幼儿良好生活和卫生习惯的重要环节。常见的室内活动后整理任务包括教学活动后的整理、游戏活动后的整理等。

引导问题

中班美工活动结束后，教室里一片狼藉，美工托盘里放满了废纸、剪刀和双面胶，油泥盖子和罐子分了家，孩子们的作品放得乱七八糟。保育师王老师和孩子们一起把桌椅摆放整齐，把垃圾扔到垃圾桶，把地面和桌子打扫干净。王老师还帮助每个幼儿整理好自己的作品并妥善保存。整理结束后，孩子们看着干净整洁的教室和摆放整齐的美工作品，开心地笑了。

1. 作为一名保育师，你怎么理解室内活动后整理的意义和工作内容？

____

____

____

2. 案例中保育师王老师在活动后做了哪些整理？教学活动后的整理工作还有哪些？

____

____

____

3. 根据上述案例分析室内活动后整理的工作要点有哪些。

____

____

____

任务实施

室内活动后整理保育工作情景演练

实施背景

在室内活动后整理保育工作中，经常会遇到保育师在整理活动中忽略对幼儿的劳动教育和习惯培养等问题。

实施准备

实训环境:幼儿园仿真实训室、网络学习终端。

组建小组:学生按照“同组异质、异组同质”原则自由组建,每组 4—6 人。

实施内容

借助线上线下各类资源,选取某个活动后整理问题,开展室内活动后整理保育工作情景演练。

实施过程

1. 教师向各小组提出任务要求;
2. 各小组按要求开展研讨、撰写方案;
3. 各小组按本组方案进行演练准备;
4. 各小组依次进行保育工作情景演练展示,演练的同时有小组成员在一旁解说。

解说词:

____

____

____

实施反思

1. 其他小组的展示,你最喜欢哪个? 试对其进行评价。

____

____

2. 看过其他小组的展示后,你认为本组的展示有哪些地方可以改进?

____

____

3. 通过参加幼儿保育工作情景演练,你有哪些收获和感悟?

____

____

讨论记录

____

____

____

巩固练习

【多选题】

1. 在整理活动中要抓住教育契机对幼儿进行(　　　　　)教育。

   A. 劳动　　　　　　B. 卫生习惯

   C. 秩序感　　　　　D. 责任感

2. 室内活动结束后,保育师可以组织(　　　　　)幼儿共同完成桌椅的归位摆放。

   A. 小班　　　　　　B. 中班

   C. 大班　　　　　　D. 托班

3. 室内游戏活动结束后,保育师需要(　　　　　)。

   A. 收拾整理游戏场地和游戏材料

   B. 清点检查玩具是否有遗失或损坏

   C. 组织幼儿有序盥洗、如厕、喝水

   D. 做好幼儿活动记录

【判断题】

1. 室内活动结束后,不用开窗通风。(　　)
2. 针对美术类作品,如果通过作品墙进行展示,展示结束后,作品要做好标识,妥善保管。(　　)

任务评价

任务评价表

班级:　　　　　姓名:　　　　　学号:

评价项目	评价内容和标准	个人自评(0—20分)	小组评价(0—30分)	教师评价(0—50分)
知识技能	能掌握并描述室内活动后整理的意义、工作内容、工作任务和工作要点。			
职业能力	能按照室内活动后整理的工作要求,主动获取并整理有效信息,正确开展岗位情景演练,乐于展示成果、善于总结反思,提高职业能力。			

续表

评价项目	评价内容和标准	个人自评 (0—20分)	小组评价 (0—30分)	教师评价 (0—50分)
职业素养	能积极参加学习和实操,涵养教育情怀,感悟室内活动后整理保育工作中蕴含的劳动精神和爱岗敬业精神,提高职业素养。			
总评分				
任务反思				

学习支持

一、室内活动后整理的意义

习近平总书记在会见中国少年先锋队第七次全国代表大会代表时寄语全国各族少年儿童,童年是人的一生中最宝贵的时期,在这个时期就注意树立正确的人生目标,培养好思想、好品行、好习惯,今天做祖国的好儿童,明天做祖国的建设者,美好的生活属于你们,美丽的中国梦属于你们。习近平总书记的寄语意义深远,好思想、好品行和好习惯要从小开始培养。室内活动后,保育师应指导幼儿协助教师对活动场地、设备、活动中使用的工具与材料等进行收拾、整理与清洁。保育师还应在整理活动中对幼儿进行劳动教育,逐步引导幼儿树立正确的劳动观念,发展良好的劳动意识,养成良好的劳动习惯。同时,这也是帮助幼儿养成良好的生活、卫生习惯,培养幼儿良好的秩序感、责任感和自理能力的好机会。保育师要坚持保教结合,抓紧每一个教育契机,引导幼儿养成好习惯,为其健康成长奠定基础。

二、室内活动后整理的工作内容

(1)初步收拾整理。活动结束后,保育师要指导幼儿协助教师一起对活动场地、设备、活动中使用的工具与材料等进行初步的收拾和整理。如指导幼儿把用过的东西放回原处,把活动场地中的废弃物等垃圾扔到垃圾桶,组织中班、大班幼儿共同完成桌椅的归位摆放等。

(2)进一步清点检查。保育师还应根据具体情况对设备、材料、玩具、教具及工具做进一步的清点和检查，检查其是否摆放整齐，是否有遗失或损坏。如果发现问题，应及时与教师联系，问清原因，并作好记录，必要时应及时修理和补充，以便下次使用。

(3) 整理保存幼儿作品。对幼儿的作品要妥善保存，帮助每个幼儿整理好作品档案是保育师应尽的职责。如美术类作品，如果通过作品墙进行展示，展示结束后，保育师要把作品做好标识，妥善保管。

(4) 做好活动场地的卫生清洁工作。活动结束后，保育师要把地面和桌子打扫干净，并及时开窗通风，保证室内场地、设备的清洁卫生。如在手工活动中，幼儿可能会使用浆糊、碎纸、小木棍儿、棉签、废纸盒等材料，保育师在做收拾、整理工作时要把这些废材料清理干净。

(5) 做好幼儿活动记录。幼儿活动中的照片、视频等资料是幼儿成长过程中珍贵的记录，保育师要协助教师及时对这些资料进行整理、分类，做好记录，存档并发送给家长。

三、室内活动后整理的工作任务

(一) 教学活动后的整理

(1) 整理活动中使用的玩、教具和材料。协助教师一起收拾整理活动场地及使用的材料，并检查材料是否有缺损。必要时应及时制作和准备，以备不时之需。

(2) 将桌椅归位，清理卫生。将桌椅归位，并摆放整齐，根据需要及时擦拭桌椅、地面。也可指导中班、大班幼儿一起做。

(3) 整理保存幼儿作品。活动结束后，保育师要及时整理保存幼儿在活动中的作品。有保留价值的（如幼儿的画和手工作品等）要标上日期收到档案盒中，以便日后查阅。

(4) 组织幼儿如厕、喝水。组织幼儿有序如厕、喝水，及时清点人数。

(5) 做好幼儿活动记录。整理记录好幼儿参与教育活动的照片、视频等资料，存档并发送给家长。

(二) 游戏活动后的整理

(1) 收拾整理。协助教师收拾整理游戏场地和游戏材料。

(2) 清点检查。清点、检查玩具，观察是否摆放整齐，是否有遗失或损坏。如果发现问题，应及时与教师联系，查问原因。清点整理玩具时，可组织中班、大班幼儿一起做，以培养幼儿善始善终的良好习惯。

(3) 组织幼儿盥洗、如厕、喝水。组织幼儿有序盥洗、如厕、喝水，及时清点人数。

(4) 做好幼儿活动记录。整理记录好幼儿参与游戏活动的照片、视频等资料，存档并发送给家长。

四、室内活动后整理的工作要点

保育师应在教师的指导下，重点从以下几个方面进行工作：

(1) 培养幼儿的劳动意识。活动结束后，保育师引导幼儿卷起袖子，快乐地捡拾垃圾、清洁地面、清洗玩具等，让幼儿在愉悦的氛围中不知不觉地萌发劳动意识。

(2) 培养幼儿良好的整理习惯。整理能力是幼儿日常行为规范中良好习惯培养的一个重要内容，让幼儿学会整理，有利于培养幼儿的责任感，有助于他们形成爱整洁，生活有序，做事认真仔细、有始有终等良好习惯。因此，保育师要鼓励每一个幼儿积极参与到活动结束后的收拾整理工作中，帮助幼儿养成整理的习惯，并逐步引导幼儿学会自主整理。

【拓展延伸】

科学观察活动结束后，幼儿迅速地收拾整理，可是整理的质量却很差，地上有几个笔套，桌上有几支笔没放进笔筒，而观察记录本摆放凌乱，没有放在指定位置。如果你是班上的保育师，你该怎么办？

问题诊断：

出现这些情况的原因主要有以下几点：一是幼儿可能不清楚具体的整理任务；二是幼儿没有掌握整理的技能技巧；三是教师的帮助指导不够及时有效。

问题解决：

(1) 明确任务。与幼儿一起商讨并确定整理的范围和内容，帮助幼儿明确具体的整理任务。

(2)提供材料和方法。为幼儿提供必需的、方便取放的整理工具，如抹布、小扫把、小簸箕等；注意利用直观、形象、有趣的方式帮助幼儿学会整理的技能技巧，如适时运用小口诀、歌谣等示范和讲解整理的步骤。

(3) 及时帮助。在幼儿进行整理的过程中，根据幼儿的个体差异设置整理的目标和要求，适时为有需要的幼儿提供指导和帮助。

(3)培养幼儿良好的秩序感。二至四岁的幼儿处于秩序敏感期,良好的秩序感有利于幼儿在日常生活中学习和交往,可以提高幼儿的生活质量,并为幼儿一生的发展奠定良好的基础。保育师在活动结束后,指导幼儿对活动场地和物品进行收纳整理,引导幼儿有序盥洗、如厕与喝水,这些都有利于培养幼儿良好的秩序感。

(4)重视家园共育。保育师可以和家长沟通,让家长了解正确的指导方法,纠正家长的某些认识误区,取得家长的理解和支持,通过家园配合,不断巩固教育成果。

任务四　室外活动前的准备

学习目标

知识目标：能掌握并描述室外活动前准备的意义、工作内容、工作任务和工作要点。

能力目标：能按照室外活动前准备的工作要求，主动获取并整理有效信息，正确开展岗位情景演练，乐于展示成果、善于总结反思，提高职业能力。

素养目标：能积极参加学习和实操，涵养教育情怀，感悟室外活动前准备保育工作中蕴含的劳动精神和爱岗敬业精神，提高职业素养。

学习准备

资源预学：

微课视频资源：室外活动前准备的意义、工作内容和要点

实操视频资源：室外活动前准备工作

资料收集：

通过互联网查找、图书馆查阅、调研咨询等方式收集并整理室外活动前准备保育工作的相关资料。

情境描述

室外活动前的准备是确保活动安全顺利进行的重要前提，也是幼儿身心得到有效锻炼的重要保障。室外活动前的准备包括活动场地的检查、器械玩具的准备、幼儿衣物的检查、身体状况的照顾和安全教育等。

引导问题

我们班的幼儿年龄都在 4 岁左右，特别喜欢室外活动，但在活动前对幼儿进行安全教育时，看到一些幼儿状态不佳，心不在焉，左顾右盼，有一些调皮的幼儿更是显得迫不及待。活动前的安全教育效果并不是十分良好。另有一些幼儿喜欢带一些小东西，比如钉子或者瓜子、玻璃球等，在老师看不到的地方拿出来分享或者炫耀，有些还喜欢将其放进嘴巴里，在幼儿进行剧烈运动或突然被推搡时容易发生安全事故。幼儿从室内到室外时显得比较兴奋，因而不能快速地参与到接下来的锻炼活动当中。

1. 作为一名保育师，你怎么理解室外活动前准备的意义和工作内容？

____

____

____

2. 室外活动前准备的操作步骤有哪些？

____

____

____

3. 室外活动前准备的指导要点有哪些？

____

____

____

任务实施

室外活动前准备保育工作情景演练

实施背景

在室外活动前，幼儿显得较为兴奋，常常听不见老师的安全嘱托，有些口袋里经常带一些危险的小物品，几个幼儿嬉笑打闹不能迅速参与锻炼活动。

实施准备

实训环境：幼儿园仿真实训室、操场、网络学习终端。

组建小组：学生按照“同组异质、异组同质”原则自由组建，每组4—6人。

实施内容

借助线上线下各类资源，选取某个室外活动前准备的问题，开展室外活动前准备保育工作情景演练。

实施过程

1. 教师向各小组提出任务要求；
2. 各小组按要求开展研讨、撰写方案；
3. 各小组按本组方案进行演练准备；
4. 各小组依次进行保育工作情景演练展示，演练的同时有小组成员在一旁解说。

解说词：

____

____

____

实施反思

1. 其他小组的展示，你最喜欢哪个？试对其进行评价。

____

____

2. 看过其他小组的展示后，你认为本组的展示有哪些地方可以改进？

____

____

3. 通过参加幼儿保育工作情景演练，你有哪些收获和感悟？

____

____

讨论记录

____

____

____

巩固练习

【单选题】

1. 在幼儿户外活动前，保育师要(　　)，再结合幼儿活动的内容为幼儿准备户外活动的服装。

   A. 根据户外活动的场地情况　　B. 根据教师的要求

   C. 先出来感受一下室外实际温度　D. 根据幼儿的要求

2. 保育师应善于根据天气情况和(　　)，为幼儿增减衣服。

   A. 家长的要求　　B. 活动量

   C. 孩子的要求　　D. 教育的目标

【判断题】

1. 在室外活动前，不需要对幼儿进行安全教育。(　　)
2. 在室外活动前，检查幼儿着装是必要的。(　　)
3. 在室外活动前，要对活动场地进行安全检查。(　　)

任务评价

任务评价表

班级：　　　　　姓名：　　　　　学号：

评价项目	评价内容和标准	个人自评(0—20分)	小组评价(0—30分)	教师评价(0—50分)
知识技能	能掌握并描述室外活动前准备的意义、工作内容、工作任务和工作要点。			
职业能力	能按照室外活动前准备的工作要求，主动获取并整理有效信息，正确开展岗位情景演练，乐于展示成果、善于总结反思，提高职业能力。			
职业素养	能积极参加学习和实操，涵养教育情怀，感悟室外活动前准备保育工作中蕴含的劳动精神和爱岗敬业精神，提高职业素养。			
总评分				
任务反思				

学习支持

一、室外活动前准备的意义

开展丰富多样、适合幼儿的室外活动是增强幼儿体质、增进幼儿健康的积极手段和重要途径。幼儿室外活动兴趣的激发、基本动作的发展及身体素质的提高，都是在身体运动的过程中逐渐获得的。保育师要检查活动场地、关注幼儿情绪及衣物情况，做好活动前的准备工作，保障活动顺利有效实施。充分利用室外场地设施，创建适宜的运动环境，激发幼儿参与运动的兴趣。安全的活动场域、科学而有趣的运动项目，有助于满足幼儿身体动作发展的需求，锻炼身体机能。

二、室外活动前准备的工作内容

(1) 创设良好的室外活动环境。根据教学目标，提前布置场地，并对场地进行安全检查，排除安全隐患。

(2) 重视室外活动形式的安排。幼儿园主要的运动形式有早操活动、户外区域运动、集体运动教学、特殊天气室内运动、运动会、远足运动等。要根据时间、天气情况、本班幼儿身体状况、整体教学进程安排适宜的室外活动项目，提高幼儿的身体素质和对环境的适应能力。

(3) 做好幼儿室外活动前的准备工作。不仅要对幼儿进行安全教育，使其提高自我保护意识，还要检查幼儿的着装是否适合、方便、安全。关照特殊幼儿，在易出汗的幼儿背后垫上毛巾。准备充足运动所需的材料。

三、室外活动前准备的工作任务

(一) 对幼儿进行安全教育

(1) 对幼儿进行安全常识教育，避免幼儿活动时发生相互碰撞、推搡、争抢、打闹等危险动作。

(2) 在活动前要清点人数。

(3) 协助教师在卫生间组织幼儿有秩序地如厕，为户外活动做准备。

【拓展延伸】

《新时代幼儿园教师职业行为十项准则》中强调，要加强安全防范、增强安全意识、保护幼儿安全。在进行户外活动前对幼儿进行安全教育是必不可少的内容。

（二）检查幼儿服装

(1) 冬季帮助幼儿换上合适轻便的衣服，如棉背心。春秋季根据天气冷暖帮助幼儿及时增减衣物。

(2) 检查幼儿衣物上的拉链、帽子的绳带、鞋带等。

(3) 检查幼儿是否携带瓜子、纽扣、尖锐物品等。

（三）班级内的检查、准备

(1) 待所有幼儿全部离开后，保育师检查水龙头，发现没有关上的要及时关上。

(2) 将室内所有灯、空调等电器全部关上。

(3) 把活动室的窗户都打开，进行通风。

(4) 根据幼儿饮水量，在保温桶中接入适当的饮用水。

（四）场地安全检查

(1) 了解活动对场地、设备、材料的基本要求。

(2) 检查室外活动的地面有无积水、木棍、玻璃、坑洼等，地面是否湿滑，发现危险因素及时处理。

(3) 检查大型器材是否有铁皮外露、螺丝松动、绳网断裂等情况。

（五）准备活动时要使用的玩具和教具

(1) 及时与班级教师沟通，了解教育活动的内容及目标，提前知道活动内容，熟悉班级教师组织幼儿户外活动的教学程序，了解需要哪些玩具、教具和器械，数量具体是多少，并按照需要的数量进行准备。

(2) 协助教师在场地内对玩具、教具进行摆放。

(3) 检查玩具或器械数量是否充足，不够时应及时补充。

【拓展延伸】

张贴明确易懂的标志：幼儿的识字量有限，利用图标可以生动直观地表达含义，易于让幼儿理解和接受。在活动器材或玩具旁设置图标，可以引导幼儿有规则地进行取放，避免拥挤混乱发生安全事故，在这个过程中也培养了幼儿良好的常规意识和安全习惯。

四、室外活动前准备的工作要点

保育师应在教师的指导下，重点从以下几个方面指导幼儿：

(1) 培养幼儿主动进行体育锻炼的意识。保育师与教师一起根据本园幼儿年龄分布、季节变化，制订本园幼儿体格锻炼计划，安排适宜的活动内容，活动前准备工作应全面、充分，保育师要讲解活动的内容和作用，让幼儿意识到活动的重要性。

(2) 引导幼儿安全有序进行活动。保育师与教师要在活动进行前对幼儿进行安全教育，提高幼儿活动时的安全意识。集体活动时要组织幼儿有序进行游戏，时刻关注幼儿活动情况，引导幼儿不在上下楼梯时打闹、推搡，游戏活动时不争抢、插队等。

任务五　室外活动中的配合

学习目标

知识目标：能掌握并描述室外活动中配合的意义、工作内容、工作任务和工作要点。

能力目标：能按照室外活动中配合的工作要求，主动获取并整理有效信息，正确开展岗位情景演练，乐于展示成果、善于总结反思，提高职业能力。

素养目标：能积极参加学习和实操，涵养教育情怀，感悟室外活动中配合保育工作蕴含的劳动精神和爱岗敬业精神，提高职业素养。

学习准备

资源预学：

微课视频资源：室外活动中配合的意义、工作内容和要点

实操视频资源：室外活动中配合工作

资料收集：

通过互联网查找、图书馆查阅、调研咨询等方式收集并整理室外活动中配合保育工作相关资料。

情境描述

室外活动中的配合是保障活动安全顺利进行的必不可少的条件。常见的配合有参与教学活动、观察活动中的幼儿、对特殊幼儿的护理等。

引导问题

游戏玩耍是幼儿的天性，让每个幼儿都参与集体活动，并得到一定锻炼就显得尤为重要。我们班的幼儿年龄都在 4 岁左右，身体素质参差不齐，性格各异，有些幼儿能积极参与到活动中来，有些则比较被动。还有一些特殊幼儿，比如体弱儿、肥胖儿、多动儿的护理等，都需要保育师细心观察、悉心照顾。

在多次带领幼儿进行室外活动之后，我总结得出，要想幼儿全身心投入到活动中，那么活动的设计安排首先要明确清晰，组织要有序。在带领幼儿进行锻炼时，除了要注意他们的安全，还要格外注意他们的运动量以及情绪等。为了能让每个幼儿都得到一定的锻炼，就要因人而异制订合理计划，比如体弱儿可以稍微活动，注意不要进行剧烈运动等。对于中途上厕所的幼儿要及时组织照顾。活动结束后，每个幼儿都得到一定的放松和锻炼，大家都很开心。

1. 作为一名保育师，你怎么理解室外活动中配合的意义和工作内容？

____

____

____

2. 案例中室外活动中配合的步骤都有哪些？

____

____

____

3. 案例中保育师在室外活动中配合的指导要点有哪些？

____

____

____

任务实施

室外活动中配合保育工作情景演练

实施背景

在室外活动时，幼儿身体素质和性格特点各不相同，有些热情参与活动，有些不愿参加集体活动，为了能让每个幼儿都得到适当锻炼，保育师要对幼儿细心观察、悉心照顾。

实施准备

实训环境：操场、网络学习终端。

组建小组：学生按照“同组异质、异组同质”原则自由组建，每组 4—6 人。

实施内容

借助线上线下各类资源，选取某个有关室外活动中配合的问题，开展室外活动中配合保育工作情景演练。

实施过程

1. 教师向各小组提出任务要求；
2. 各小组按要求开展研讨、撰写方案；
3. 各小组按本组方案进行演练准备；
4. 各小组依次进行保育工作情景演练展示，演练的同时有小组成员在一旁解说。

解说词：

____

____

____

实施反思

1. 其他小组的展示，你最喜欢哪个？试对其进行评价。

____

____

2. 看过其他小组的展示后，你认为本组的展示有哪些地方可以改进？

____

____

3. 通过参加幼儿保育工作情景演练，你有哪些收获和感悟？

____

____

讨论记录

巩固练习

【单选题】

1. 幼儿在自由活动时的活动量是(　　),保育师要注意观察幼儿的活动,及时了解每个孩子的实际活动量,及时为孩子增减衣服。

A. 有差异的　　B. 大致相同的

C. 大不相同的　　D. 一样的

2. 对肥胖儿进行(　　),开始时活动量应少一些,以后逐渐增加。在活动中宜采用一些既能促进能量消耗,又容易坚持的运动项目。

A. 身体素质训练　　B. 减肥活动

C. 身体锻炼　　D. 教育

3.(　　)是在活动中观察幼儿的脸色、出汗情况、表情、呼吸、精神状态等特征来了解活动量的大小。

A. 测量法　　B. 实验法

C. 观察法　　D. 谈话法

【判断题】

1. 运动有益身心,让幼儿运动得越多越好。(　　)

2. 观察法是运用最多的研究方法。(　　)

任务评价

任务评价表

班级:　　　　姓名:　　　　学号:

评价项目	评价内容和标准	个人自评(0—20分)	小组评价(0—30分)	教师评价(0—50分)
知识技能	能掌握并描述幼儿室外活动中配			

续表

评价项目	评价内容和标准	个人自评(0—20分)	小组评价(0—30分)	教师评价(0—50分)
	合的意义、工作内容、工作任务和工作要点。			
职业能力	能按照室外活动中配合的工作要求,主动获取并整理有效信息,正确开展岗位情景演练,乐于展示成果、善于总结反思,提高职业能力。			
职业素养	能积极参加学习和实操,涵养教育情怀,感悟室外活动中配合保育工作蕴含的劳动精神和爱岗敬业精神,提高职业素养。			
总评分				
任务反思				

学习支持

一、室外活动中配合的意义

创建适宜的户外活动环境,为幼儿提供充分接触户外阳光和空气的机会,增强其环境适应能力。让幼儿充分享受自由自在的乐趣,也让幼儿在活动中学会自己选择和自我保护。保育师要根据场地功能属性及幼儿情况,做好安全教育与监护,确保活动的良好秩序与安全,培养幼儿户外自由活动的良好习惯。

二、室外活动中配合的工作内容

(1)重视室外活动中的观察和配合。保育师要协助和配合好教师做好室外活动的保育工作,关注到每一个幼儿的运动情况、安全和卫生,注重对特殊幼儿的护理,做好观察者和协作者,既要注意幼儿动作的发展规律,还要关注幼儿生理机能变化的规律。

(2)加强室外活动中的组织和指导。根据不同的室外运动形式,保育师要配合教师对幼儿进行适时科学的指导,激发幼儿参与运动的兴趣,提高幼儿对运动的主动性、积极性和自我保护意识。保育师要对活动进行有效的组织，使幼儿在团体活动中感受到集体的温暖，培养幼儿乐观合作的态度，活泼开朗的性格，以及勇敢坚强的意志品质。

【拓展延伸】

室外活动是我们重视幼儿健康、增强幼儿身体素质的重要表现和途径。习近平总书记指出，身体是人生一切奋斗成功的本钱，少年儿童要注意加强体育锻炼，家庭、学校、社会都要为少年儿童增强体魄创造条件，让他们像小树那样健康成长。要树立健康第一的理念，开足体育课，帮助幼儿在体育锻炼中享受乐趣、增强体质、健全人格、锤炼意志。幼儿是祖国的希望、国家的未来，从小就要培养其德、智、体、美、劳全面和谐发展，长大后成为建设祖国的栋梁之材。

三、室外活动中配合的工作任务

（一）摆放活动用具

(1) 检查活动场地、熟悉活动内容，将本次户外活动玩具材料在相应的场地内摆好。

(2) 摆放体育器材时，要按照“安全、合理、实用”的原则，注意场地安全。

(3) 注意设施和投放的各种体育器材的安全性，确保体育活动能安全、顺利进行。

（二）参与教学活动

(1) 提前了解教学活动内容和目标，知道教师的活动过程。

(2) 做好区域分工，保证所有幼儿都在教师的视线范围之内，相互协作。

(3) 与幼儿一起参与到活动中，增强幼儿参与活动的积极性。

（三）观察活动中的幼儿

(1) 关注每名幼儿的安全，尽量在危险发生前就排除相关隐患。

(2) 观察幼儿的活动，积极回应幼儿的需求，和幼儿交流他们与游戏有关的想法。

(3) 注意观察幼儿活动过程中和完成后的精神状态、情绪、面色、呼吸、出汗程度、食欲、睡眠等多项内容，以此来判断运动负荷属于“适度疲劳”还是“过度疲劳”。

【拓展延伸】

某园户外活动监测表

日期：　　　　　　　　　　班级：　　　　　　　　　　检查者：

活动内容	游戏名称 集体操：　　分钟 自由活动：　　分钟 分散活动：　　分钟	活动场地	地面平整( )场地无障碍( )场地有障碍( )场地凹凸不平( )
		活动器材	球( )投掷器材( )平衡器( )绳( )活动器材( )其他( )
活动方式	跑( )跳( )站( )走( )爬( )	锻炼部位	上肢肌肉力量( )下肢肌肉力量( )腹部肌肉力量( )肌肉柔韧性( )平衡能力( )反应灵敏度( )其他( )
活动度	活动时间： 全体幼儿( ) 大部分幼儿( ) 少数幼儿( )	参与度	很有兴趣( )兴趣一般( )无兴趣( )几乎全部参与活动( ) 大部分幼儿参与( ) 少数幼儿参与( )
幼儿情况	姓名： 心率： 面色　涨红( )红润( )如常( )苍白( ) 汗量　大汗淋漓( )汗量略多( )略有出汗( )无汗( ) 疲劳度　十分疲劳( )中度疲劳( )轻度疲劳( ) 呼吸　急促紊乱( )明显加快( )略有增快( )无变化( ) 动作　协调( )略失调( )不协调( ) 注意力　高度集中( )集中( )注意力分散( )		
教师沟通			

(四)指导幼儿擦汗

(1)活动中，发现幼儿大量出汗，可以停止活动，将幼儿带到一边，帮助幼儿擦汗。

(2)指导幼儿将擦过汗的纸巾扔到指定的垃圾桶内。

(五)照顾患病幼儿

(1)保育师要对不能参与活动的幼儿进行照顾，把他们带在身边，不可以让其离开自己的视线。体弱儿的锻炼应较健康儿童缓慢，运动时间缩短。教师应仔细观察体弱儿的反应。

(2)患病幼儿应停止锻炼。病愈恢复期的幼儿运动量要根据身体状况予以调整。

（六）对体弱儿的护理

(1)采用观察、家访等措施，了解幼儿体质弱的原因，以利于保育师有针对性地对幼儿进行护理。

(2)针对体弱儿的病情，制定科学护理方案，注意动静结合、劳逸结合，安排适合体弱儿的体育锻炼活动。

(3)及时与体弱儿的家长进行沟通，建议家长为幼儿提供合理膳食，保证其睡眠，在季节变换时可以适当地增加水果、蔬菜的摄入量，补充维生素，并鼓励幼儿多锻炼，预防疾病。

（七）对肥胖儿的护理

(1)了解幼儿肥胖的原因，及时与家长进行沟通，取得家长的配合。

(2)及时提醒不爱活动的幼儿动起来，循序渐进地增加运动量和运动时间。初次活动应低强度，持续时间短，以后运动时间和运动强度逐渐加强，以皮肤潮湿出汗为限。

(3)要克服肥胖儿活动时的自卑心理，鼓励肥胖儿童多参加集体活动，培养开朗、自信和积极向上的性格。

（八）对多动儿的护理

保育师要正确认识幼儿多动的行为，给予更多的关爱和包容。

(1)活动前讲清道理，明确提出要求，帮助幼儿逐步学会正确判断和评价自己的行为，通过规则意识，约束幼儿的行为，助其养成良好的行为习惯。

(2)在活动中，保育师可以站在幼儿身旁，用手势、眼神鼓励提醒幼儿参与活动，通过一些小游戏，逐步培养幼儿耐心、专注的习惯。

(3)保育师要指导家长合理安排幼儿的生活，注意生活规律，并做到持之以恒。

（九）活动中照顾幼儿如厕

在活动过程中，有幼儿要如厕，由保育师带领幼儿到卫生间如厕。活动中也可以组织幼儿分组如厕。

四、室外活动中配合的工作要点

保育师应在教师的指导下，重点从以下几个方面指导幼儿：

(1)培养幼儿热爱体育锻炼的兴趣。运动要循序渐进，动静结合，新颖有趣，适宜幼儿，充分激发幼儿体育锻炼的兴趣。在室外活动中充分接触阳光和空气，拉近与自然的距离，感受自然之美。在安全的前提下，给予幼儿充足的时间和空间，享受自由自在的乐趣，以此培养幼儿主动参加活动的积极性。

⑵培养幼儿的规则意识。无规矩不成方圆，保育师在组织幼儿活动时要有序进行，教会幼儿学会排队，学会耐心等待，不推搡、不打闹、不插队，遵守游戏规则。在自由活动时，也可以引导幼儿根据游戏主动制定规则。

⑶培养幼儿合群、协作的集体主义精神。保育师在组织幼儿游戏时要引导幼儿相互谦让、团结合作，明白大家都在一个集体中，为共同的目标而努力大家才会更好，逐步培养集体意识和责任感。

⑷培养幼儿勇于克服困难、敢于吃苦的优良品质。保育师要逐步放手让幼儿自主、独立地进行尝试，懂得坚持才会胜利。要对幼儿多些鼓励和耐心，给幼儿提供克服困难的锻炼机会。

⑸增强环境适应能力和自我保护能力。我们不能将孩子培养成温室里的花朵。保育师要结合幼儿年龄和身体情况酌情设置活动游戏，游戏形式要多样化，在不同的游戏中锻炼和培养幼儿的适应能力和自我保护能力。

任务六　室外活动后的整理

学习目标

知识目标：能掌握并描述幼儿室外活动后整理的意义、工作内容、工作任务和工作要点。

能力目标：能按照室外活动后整理的工作要求，主动获取并整理有效信息，正确开展岗位情景演练，乐于展示成果、善于总结反思，提高职业能力。

素养目标：能积极参加学习和实操，涵养教育情怀，感悟室外活动后整理保育工作中蕴含的劳动精神和爱岗敬业精神，提高职业素养。

学习准备

资源预学：

微课视频资源：室外活动后整理的意义、工作内容和要点

实操视频资源：室外活动后整理工作

资料收集：

通过互联网查找、图书馆查阅、调研咨询等方式收集并整理室外活动后整理保育工作相关资料。

情境描述

室外活动后的整理可以培养幼儿有始有终的良好习惯，提高规则意识和秩序感，并为接下来的活动做准备，保证幼儿身心健康。

引导问题

我们班的幼儿年龄都在 5 岁左右，有极个别幼儿活动后处于亢奋状态，经常嬉笑打闹，玩具器械随处乱丢，自己脱掉的衣物也忘得一干二净。回到教室时总是满头大汗，气喘吁吁。

后来跟有经验的老教师交流，我知道对于大班的幼儿可以分配给他们一些力所能及的任务，比如帮助老师整理活动器械，并且及时给予鼓励表扬，以此增强他们的成就感和责任感。提醒幼儿带好自己的衣物和毛巾，然后整理队伍清点人数，根据幼儿活动情况适度慢走，待到幼儿情绪稳定后再带队回班。回班后组织幼儿盥洗、如厕、饮水等。于是，下一次的室外活动后我就尝试运用了老教师的经验，果然效果好多了。

1. 作为一名保育师，你怎么理解室外活动后整理的意义和工作内容？

____

____

____

2. 案例中室外活动后整理有哪些环节？

____

____

____

3. 室外活动后整理的指导要点有哪些？

____

____

____

任务实施

室外活动后整理保育工作情景演练

实施背景

在室外活动后的保育工作中，经常会遇到幼儿嬉笑打闹，器材玩具随手乱丢的现象，并且幼儿回到教室后大汗淋漓，气喘吁吁，不利于接下来的活动课程的学习。

实施准备

实训环境：操场、幼儿园仿真实训室、网络学习终端。

组建小组：学生按照“同组异质、异组同质”原则自由组建，每组4—6人。

实施内容

借助线上线下各类资源，选取某个室外活动后的问题，开展室外活动后整理的保育工作情景演练。

实施过程

1. 教师向各小组提出任务要求；
2. 各小组按要求开展研讨、撰写方案；
3. 各小组按本组方案进行演练准备；
4. 各小组依次进行保育工作情景演练展示，演练的同时有小组成员在一旁解说。

解说词：

____

____

____

实施反思

1. 其他小组的展示，你最喜欢哪个？试对其进行评价。

____

____

2. 看过其他小组的展示后，你认为本组的展示有哪些地方可以改进？

____

____

3. 通过参加幼儿保育工作情景演练，你有哪些收获和感悟？

____

____

讨论记录

____

____

____

巩固练习

【选择题】

1. 室外活动后适宜带幼儿(　　)。

   A. 赶快喝水　　B. 操场慢走一圈

   C. 跑步　　D. 吃饭

2. 室外活动后要注意幼儿的(　　)。

   A. 情绪　　B. 出汗情况

   C. 呼吸　　D. 以上都是

【判断题】

1. 幼儿剧烈运动后，要带领幼儿在操场慢走一会儿再回教室，等幼儿情绪平稳后再坐下，可以减少心脏负担，有益消除疲劳。(　　)
2. 重视活动后对幼儿情绪和生活的照顾。(　　)
3. 培养幼儿有始有终的生活习惯非常重要。(　　)

任务评价

任务评价表

班级：　　　　姓名：　　　　学号：

评价项目	评价内容和标准	个人自评(0—20分)	小组评价(0—30分)	教师评价(0—50分)
知识技能	能掌握并描述幼儿室外活动后整理的意义、工作内容、工作任务和工作要点。			
职业能力	能按照幼儿室外活动后整理的工作要求，主动获取并整理有效信息，正确开展岗位情景演练，乐于展示成果、善于总结反思，提高职业能力。			
职业素养	能积极参加学习和实操，涵养教育情怀，感悟室外活动后整理保育工作中蕴含的劳动精神和爱岗敬业精神，提高职业素养。			
总评分				
任务反思				

学习支持

一、室外活动后整理的意义

幼儿园室外活动是幼儿一日活动的重要内容，合理、有效地组织幼儿开展室外活动，对促进幼儿身体正常生长发育、提高幼儿体质有重要意义。室外活动后，保育师要组织幼儿收拾、整理器械、材料及个人衣物等，以便幼儿形成爱护公物、有始有终、遵守秩序的好习惯，也学会自己的事情自己做，培养独立自主的能力。在帮助老师做力所能及的事情的过程中，有助于加强幼儿同教师、同伴之间的情感交流，增强群体意识。

二、室外活动后整理的工作内容

(1) 重视活动后对幼儿情绪和生活的照顾。要关注幼儿活动后是否太累或情绪太激动，带领幼儿平复情绪，减少心脏的负担。帮助幼儿擦汗，天气寒冷的季节，要提醒幼儿穿上外套以免着凉。

(2) 关注活动后器材和物品的整理。小班的幼儿需要老师负责，中班和大班的幼儿可在教师引导下，帮助教师一起清点、整理、搬运、摆放玩具、器材。提醒、帮助幼儿穿好或拿好衣服，将自己的毛巾整理好，带回教室。

三、室外活动后整理的工作任务

(1) 收拾器械。户外活动结束后，小班保育师和教师、幼儿一起收拾体育器械。使用后的体育器械要按照规定整理并分类收放好，以备下次使用。发现有损坏时，及时与教师进行联系，进行简单的修理。中大班由保育师指导值日生协助做好收拾、整理工作，培养幼儿的动手能力、规则意识和责任感。

(2) 注意幼儿情绪稳定。保育师应配合教师适时结束游戏，并注意幼儿由兴奋状态转化为平和状态的相互衔接。幼儿剧烈运动后，要带领幼儿在操场慢走一会儿再回教室，等幼儿情绪平稳后再坐下，可减少心脏负担，有益于消除疲劳。

(3) 幼儿衣着的护理。提醒、帮助幼儿穿好或拿好衣服，带回全部活动时使用的毛巾。引导幼儿正确使用毛巾将额头、身上的汗擦干净。对出汗较多的幼儿，保育师要及时为其换下湿衣服。当幼儿情绪平稳不再出汗时，要提醒幼儿穿上衣服以免着凉。

⑷活动后的整理。协助教师帮助幼儿站好队形，前后对齐，并清点幼儿人数。清点幼儿人数后，保育师最后查看一下活动场地，带好幼儿衣物，组织幼儿排队回到班级。

⑸组织幼儿盥洗、饮水。幼儿活动结束后，保育师要有序组织幼儿洗手、如厕、饮水，必要时组织幼儿洗脸。运动后保育师要鼓励幼儿喝水，以补充活动中丢失的水分。但在剧烈运动后，不宜一次性喝太多的水，会加重心脏负担。因此保育师要注意幼儿活动后的饮水量。

四、室外活动后整理的工作要点

保育师应在教师的指导下，重点从以下几个方面指导幼儿：

⑴培养幼儿秩序规则意识。保育师可以引导鼓励幼儿把用过的器械、玩具主动归位整理好，学会爱护公物，让幼儿意识到有始有终的重要性，可以设置奖励机制，通过创设游戏情景，及时肯定表扬等多种形式，让幼儿学会主动遵守规则秩序。

⑵引导幼儿养成团结友爱、互帮互助的品质。保育师要引导幼儿互帮互助，形成集体意识。鼓励那些主动帮助同学和老师的幼儿，及时强化此类行为，引导其他幼儿关注和模仿，培养和锻炼幼儿人际互动能力。

⑶培养幼儿独立自主能力。保育师要放手让幼儿自主、独立地进行玩具的收拾和整理，不要包办代替，对于学习和动手能力较弱的孩子，要有耐心，多鼓励、多示范。

项目四

安全与健康管理

任务一　日常健康观察

学习目标

知识目标：能了解并掌握幼儿晨、午检的工作内容和工作意义，知晓预防接种的重要性及工作要点。

能力目标：能按照晨、午检和预防接种的工作要求，协助教师和保健医做好各项工作，主动获取并整理有效信息，正确开展岗位情景演练，乐于展示成果，善于总结反思，提高职业能力。

素养目标：能积极参加学习和实操，涵养教育情怀，感悟幼儿晨、午检及预防接种保育工作中蕴含的劳动精神和爱岗敬业精神，提高职业素养。

学习准备

资源预学：

微课视频资源：日常健康观察的意义、工作内容和要点，传染病的相关知识，预防接种观察，全日健康观察

实操视频资源：日常健康观察工作

资料收集：

通过互联网查找、图书馆查阅、调研咨询等方式收集并整理幼儿日常健康观察保育工作相关资料。

情境描述

《幼儿园教育指导纲要(试行)》中明确规定,幼儿园要把保护幼儿的生命和促进幼儿的健康放在工作的首位。晨检是保证幼儿健康的重要途径,是幼儿园日常工作的重要项目,在幼儿的社会性培养中也发挥着积极作用。

引导问题

涵涵小朋友早上错过了入园的晨检,直接进入教室,班级老师忙着收拾餐桌,做着上课准备,忽视了班级晨检。在保育师小刘老师组织孩子们就座时,发现涵涵低着头不停地揉搓鼻子,老师喊她的名字也不应答,这种反常的状态引起老师的注意,老师走到涵涵跟前,双手捧起她的小脸。瞬间,小刘老师惊呆了:涵涵新衣服上点缀的珍珠少了一颗。在老师急切的询问下,得知涵涵把一颗珍珠塞进了鼻腔。老师立即喊来保健医,在擤鼻子无果的情况下,将涵涵紧急送到医院专业科室,取出了异物。可见晨检安全容不得半点疏忽。

1. 案例中保育师小刘老师遇到了什么问题？出现这个问题的原因有哪些？

____

____

____

2. 你可以帮助保育师小刘老师吗？说一说你想到了哪些解决办法。

____

____

____

3. 作为一名保育师,你怎么理解幼儿园晨检工作的意义？

____

____

____

任务实施

幼儿园晨检工作情景演练

实施背景

晨检是保证幼儿健康入园的第一道关卡，在幼儿园保健工作中起着举足轻重的作用。在当下，幼儿健康已成为家长们关注的首要问题，入园晨检在保健工作中更显出其必要性。

实施准备

实训环境：幼儿园仿真实训室、网络学习终端。

组建小组：学生按照“同组异质、异组同质”原则组建，每组4—6人。

实施内容

借助线上线下各类资源，选取幼儿园某类物品，开展幼儿园晨检工作情景演练。

实施过程

1. 教师向各小组提出任务要求；
2. 各小组按要求开展研讨、撰写方案；
3. 各小组按本组方案进行演练准备；
4. 各小组依次进行保育工作情景演练展示，演练的同时有小组成员在一旁解说。

解说词：

____

____

____

实施反思

1. 其他小组的展示，你最喜欢哪个？试对其进行评价。

____

____

2. 看过其他小组的展示后，你认为本组的展示有哪些地方可以改进？

____

____

3. 通过参加幼儿园晨检保育工作情景演练，你有哪些收获和感悟？

____

____

讨论记录

____

____

____

巩固练习

【单选题】

1. 幼儿园晨检的主要流程是(　　)。

A. 一问二看三摸四查五登记　　B. 一摸二看三问四查五登记

C. 一看二摸三问四查五登记　　D. 一看二问三摸四查五登记

2. 一般,体温观察要求(　　)测一次体温。

A. 每半小时　　B. 每一小时

C. 每两小时　　D. 每四小时

【判断题】

1. 传染病流行过程的三个基本环节分别是传染源、传播途径和易感人群。(　　)

2. 预防接种前一天,保育师应该通知家长为幼儿洗澡、清洁皮肤,以防接种时局部被感染。(　　)

3. 预防接种后,幼儿打针处可能会有发痒等不适,要提醒幼儿不可抓挠,避免感染。(　　)

任务评价

任务评价表

班级:　　　　姓名:　　　　学号:

评价项目	评价内容和标准	个人自评(0—20分)	小组评价(0—30分)	教师评价(0—50分)
知识技能	能了解并掌握幼儿晨、午检的工作内容和工作意义,知晓预防接种的重要性及工作要点。			
职业能力	能按照晨、午检和预防接种的工作			

续表

评价项目	评价内容和标准	个人自评（0—20分）	小组评价（0—30分）	教师评价（0—50分）
	要求，协助教师和保健医做好各项工作，主动获取并整理有效信息，正确开展岗位情景演练，乐于展示成果，善于总结反思，提高职业能力。			
职业素养	能积极参加学习和实操，涵养教育情怀，感悟幼儿晨、午检及预防接种保育工作中蕴含的劳动精神和爱岗敬业精神，提高职业素养。			
总评分				
任务反思				

学习支持

一、日常健康观察的意义

日常健康观察是预防疾病、消除安全隐患的重要手段，是学校防病防患的保护伞。每天的晨、午检工作是推动一个班级健康发展的首要工作，保育师应该掌握晨、午检的主要内容和工作程序，及时发现患病幼儿的早期症状和异常表现并及时处理，以减轻疾病对幼儿的伤害，及时发现传染病患儿并及早隔离，防止传染病在园内传播流行，促进幼儿健康成长。

预防接种又称人工免疫，是根据疾病预防控制规划，将疫苗通过适当的途径接种到适宜接种对象的体内，使人体对该传染病产生抵抗力，提高人群免疫水平，从而达到预防、控制传染病发生和流行的目的。推进疫苗接种工作，是国家各类疫情防控的重中之重，也是构筑免疫屏障的有效之举。

二、日常健康观察的工作内容

(1)晨间检查。了解儿童健康状况，及早发现健康问题和行为异常并及时处理，保证在园幼儿的健康。把好入园第一关，预防传染病。与家长面对面地交流、沟通幼儿日常健康状况及保健相关事项。

(2)午间检查。午睡时间一般安排2小时,夏季可延长半小时,确保幼儿按时上床、按时起床,保证睡眠时间。培养幼儿养成良好的习惯,如睡前如厕、便后洗手、情绪安稳、按顺序脱衣服和换拖鞋,并将衣物摆放整齐。

(3)预防接种。了解幼儿的健康状况及个人卫生现状,能识别疑似传染病例并及时报告,能提醒幼儿家长按时参加幼儿体检及预防接种工作,以便做到对疾病的早发现、早报告、早隔离、早治疗。

(4)全日健康观察。观察的重点是:精神、食欲、大小便、体温及睡眠情况。前一晚身体不适、晨检未发现明显异常情况者,当日进行了疫苗接种者,都需要加强全日观察。

三、日常健康观察的工作任务

(一)晨检

一摸:幼儿的额头和手心,怀疑发热时测体温。

二看:幼儿面色和神态有无异常,手心手背、皮肤、眼睛、耳朵、鼻咽喉等有无异常。

三问:幼儿在家的饮食、睡眠、大小便情况等。

四查:幼儿手指甲、个人卫生情况及有无携带不安全的物品。

五登记:对在园儿童晨间检查时发现的异常情况,由检查者负责登记,如当日未发现异常则应记录“未见异常”。

(二)午检

1. 查看睡眠环境

(1)营造安静、温馨的睡眠氛围。

(2)根据季节变化,调节室内温湿度、更换不同厚度的被子。

(3)合理安排室内通风及保暖时间,避免对流风吹在幼儿身上。

(4)依照园所制度合理使用空调。

(5)夏季做好驱蚊蝇工作。

2. 了解幼儿情况

(1)提醒幼儿要仰卧或右侧卧位,纠正幼儿不良睡姿。

(2)保证幼儿不蒙头、不俯卧、不玩微小玩具,避免意外发生。

(3)有惊厥病史或其他疾病史的幼儿,应安排在离教师较近的地方。

3. 检查教师工作

(1) 为幼儿整理好被褥，相邻幼儿头脚相对。

(2) 教师不聊天、不大声说话、不得擅自离岗。

(3) 午睡后配合保健人员对幼儿进行午检，重点是观察幼儿精神状态、体温及有无皮疹，发现问题及时处理。

(4) 检查幼儿服药情况，药瓶、药袋、服药条至少保留 3 天。

【拓展延伸】

传染病的相关知识

一、传染病的基础知识

传染病是指由各种病原体，如病毒、细菌、真菌、寄生虫等感染人体后产生的有传染性，在一定条件下可造成流行的疾病。

1. 婴幼儿常见传染病

(1) 病毒性传染病。如流行性感冒、手足口病、流行性腮腺炎、水痘、麻疹、流行性乙型脑炎、病毒性肝炎、脊髓灰质炎、诺如病毒感染性腹泻等。

(2) 细菌性传染病。如百日咳、猩红热、结核病、细菌性痢疾等。

(3) 寄生虫病。如蛔虫病、疟疾等。

2. 传染病的特性

(1) 有病原体。各种传染病都有其特异的病原体。病原体就是指在人体外环境中能侵袭人体的那些微生物，如病毒、细菌、真菌、寄生虫等。

(2) 有传染性。传染性是传染病与其他类型疾病的主要区别，即病原体自体内排出后，通过某种途径进入他人体内传播疾病。

(3) 有免疫性。传染病痊愈后，人体对同一种传染病产生不感受性，称为免疫。不同的传染病产生的免疫程度不同，如感染麻疹可终身免疫，感染流感后免疫时间极短，因此可多次感染。

(4) 病情发展有一定的规律。每一种传染病从发生、发展到恢复，大致都经历四个时期：潜伏期、前驱期、症状明显期、恢复期。

3. 传染病流行过程的三个基本环节

(1)传染源。传染源是指被感染的人或动物。传染源又可分为病人、病原携带者、受感染的动物。

(2) 传播途径。病原体从传染源体内排出后，经过一定的方式侵入他人体内，所经过的途径称为传播途径。主要传播途径有呼吸道传播、消化道传播、接触传播、虫媒传播、血液/体液传播、母婴传播及医源性传播。

(3) 易感人群。托幼机构集体生活中，婴幼儿由于免疫力较弱，对传染病缺乏免疫力，因此易受感染成为易感人群。

二、传染病防控要求

(1) 应贯彻“预防为主”方针，建立传染病管理制度。督促家长按免疫程序和要求完成儿童预防接种。配合疾病预防控制机构按年龄和季节完成幼儿常规或应急接种工作。

(2) 保育师每日登记本班幼儿出勤情况。对因病缺勤的幼儿，应当了解其患病情况和可能的原因，对疑似患传染病或确诊患传染病的，要及时上报，并做好患儿追踪记录。

(3) 发现疑似或确诊传染病例时，应将患儿立即带至隔离室，采取有效隔离措施，做好传染病登记、上报工作，在规定时间内上报疾控中心及相关主管部门，同时电话追踪患儿情况并做好记录。

(4) 对于与发生传染病的班级相接触的幼儿，要立即对其进行医学观察及检疫工作，其间该班与其他班级相对隔离不串班，不办理入园或转园手续。传染病患儿隔离期满，须经医生检查证明已痊愈，并出示医疗卫生机构的复课证明后方可回园。

(5) 针对不同人群定期开展预防接种和传染病防治知识健康教育。

（三）预防接种观察

1. 预防接种前

(1) 了解接种的内容。集体接种前必须有卫生行政部门的文件，保育师要提前了解该次接种的名称、目的，以及接种的注意事项。

(2) 通知家长。预防接种前一天，保育师应该通知家长为幼儿洗澡、清洁皮肤，以防接种时局部被感染。预防接种当天，幼儿最好穿清洁宽松的衣服，以便于医护人员接种。提醒家长带好儿童预防接种证，便于医护人员查验情况及登记记录。充分了解幼儿接种前的进餐情况，保证幼儿早餐吃饱，不要空腹进行接种。

(3) 确定接种的人数并记录。保育师应协助统计确定接种的幼儿人数，做好准确的记录，并做好缺勤或生病幼儿记录，以便及时补种。

(4)做好接种前的宣传教育。对幼儿说明预防接种的好处,让幼儿在心理上积极接受和配合,消除他们的恐惧感和紧张感,并鼓励幼儿接种时要勇敢、不哭闹。

2. 预防接种后

(1)提醒幼儿加强休息、多喝白开水,注意避免受凉、受热,防止引发其他疾病。

(2)预防接种后的幼儿活动量不可过大,保育师要组织接种后幼儿进行一些轻微活动或安静游戏。

(3)预防接种后,幼儿打针处可能会有发痒等不适,要提醒幼儿不可抓挠,避免感染。

(4)预防接种当日,避免给幼儿进食辛辣刺激性食物,如姜、蒜、辣椒等。

(5)预防接种后,注意观察幼儿的体温、食欲和精神状况,发现异常及时送到医务室。

(四)全日健康观察

(1)精神:观察幼儿是否比平时活跃,有无容易发脾气、表情异常的情况。

(2)面色:幼儿的面色是否比平时苍白或发红。

(3)食欲:幼儿是否突然食欲很差,或有恶心、呕吐等现象。

(4)大小便:平时大便比较规律的孩子,有无出现便次增多或无便等情况。

(5)睡眠:平时入睡快的幼儿,是否出现入睡困难、睡眠不安等情况。

(6)体温:幼儿的正常体温范围为36℃—37℃。

(7)皮肤:观察幼儿的皮肤表面有无刮伤、碰伤等。

四、日常健康观察的工作要点

(1)做好与医护人员及教师的配合工作。加强幼儿心理安抚与鼓励,有序组织并维持秩序,保证预防接种顺利完成。

(2)密切观察幼儿的身体状况,并加强生活护理。特别是注意区分预防接种反应与普通感冒症状,做出正确判断,发现异常要及时送至医务室。

(3)认真做好幼儿的全日观察记录。对于有特殊情况的幼儿,要根据症状观察其精神状况、情绪、面色、体温、饮食、睡眠及大小便的变化,在一日生活中给予更多的照顾。

(4)做好日常健康观察保育工作的家园共育。要及时与家长沟通幼儿在园一日健康情况,积极了解幼儿在家情况,引导家长掌握科学观察幼儿的要求和方法,做好家园共育。

任务二　幼儿园常用护理技术

学习目标

知识目标：能掌握并描述幼儿园常用护理技术的相关知识及具体操作步骤。

能力目标：能按照幼儿园护理工作的要求，主动获取并整理有效信息，正确开展岗位情景演练，乐于展示成果、善于总结反思，提高职业能力。

素养目标：能积极参加学习和实操，涵养教育情怀，感悟幼儿园护理工作中蕴含的劳动精神和爱岗敬业精神，提高职业素养。

学习准备

资源预学：

微课视频资源：体温、脉搏、呼吸的观察与测量的基本知识，冷热敷与物理降温的基本知识

实操视频资源：体温、脉搏、呼吸的测量，冷热敷与物理降温，观察大小便及简易通便法，常用的给药方法

资料收集：

通过互联网查找、图书馆查阅、调研咨询等方式收集并整理幼儿园常用护理技术的相关资料。

情境描述

作为保育师，掌握幼儿园常用护理技术尤为重要。幼儿园常用护理技术包括体温、脉搏、呼吸的观察与测量，冷热敷与物理降温，观察大小便及简易通便法，常用的给药方法及相关知识等。

引导问题

早餐结束后，大一班的保育师陈老师发现菲菲精神状态不太好，通过询问，陈老师了解到菲菲有点头晕，还想睡觉。随后，陈老师带菲菲去了幼儿园的保健室，和保健医一起为菲菲测量了体温、脉搏和呼吸。

1. 作为一名保育师，你将如何正确地为幼儿测量体温、脉搏和呼吸？

____

____

____

户外活动时，明明不小心崴到了脚，脚踝处有明显的红肿，保育师陈老师马上对明明的脚踝红肿处进行了冷敷。

2. 作为一名保育师，你能说出冷敷与热敷的区别并正确地为幼儿冷热敷吗？

____

____

____

早餐结束后，保育师陈老师发现月月一直在频繁地往厕所跑，通过询问，陈老师了解到月月肚子有点疼，一直想上厕所。

3. 作为一名保育师，你知道大小便的观察应该从哪几个方面着手吗？

____

____

____

周一早上入园时，皓皓的妈妈告诉陈老师，皓皓的眼角有点红肿，医生给皓皓开了眼药和口服药，需要老师帮忙喂药和滴眼药水。

4. 作为一名保育师，你知道如何正确地给幼儿喂药和滴眼药水吗？

____

____

____

任务实施

幼儿园护理工作情景演练

实施背景

在幼儿园的日常工作中，经常会遇到幼儿发烧、腹泻、受伤等异常情况。

实施准备

实训环境：幼儿园仿真实训室、网络学习终端。

组建小组：学生按照“同组异质、异组同质”原则自由组建，每组 4—6 人。

实施内容

借助线上线下各类资源，选取幼儿的某种异常情况，开展幼儿园护理工作情景演练。

实施过程

1. 教师向各小组提出任务要求；
2. 各小组按要求开展研讨、撰写方案；
3. 各小组按本组方案进行演练准备；
4. 各小组依次进行幼儿园护理工作情景演练展示，演练的同时有小组成员在一旁解说。

解说词：

____

____

____

实施反思

1. 其他小组的展示，你最喜欢哪个？试对其进行评价。

____

____

2. 看过其他小组的展示后，你认为本组的展示有哪些地方可以改进？

____

____

3. 通过参加幼儿保育工作情景演练，你有哪些收获和感悟？

____

____

讨论记录

____

____

____

巩固练习

【单选题】

1. 滴眼药水时，滴管距眼睑至少(　　)。

A. 0.5 厘米　　B. 0.3 厘米

C. 2.5 厘米　　D. 1—2 厘米

2. 最常用的脉搏测量部位为(　　)。

A. 桡动脉　　B. 颞动脉

C. 颈动脉　　D. 尺动脉

【判断题】

1. 正常尿液呈黄褐色。(　　)

2. 软组织挫伤 12 小时后就可以使用热敷法。(　　)

3. 一般情况下，正常学龄前儿童每天排尿 6—7 次。(　　)

任务评价

任务评价表

班级：　　　　姓名：　　　　学号：

评价项目	评价内容和标准	个人自评(0—20分)	小组评价(0—30分)	教师评价(0—50分)
知识技能	能掌握并描述幼儿园常用护理技术的相关知识及具体操作步骤。			
职业能力	能按照幼儿园护理工作的要求，主动获取并整理有效信息，正确开展岗位情景演练，乐于展示成果、善于总结反思，提高职业能力。			

续表

评价项目	评价内容和标准	个人自评（0—20分）	小组评价（0—30分）	教师评价（0—50分）
职业素养	能积极参加学习和实操，涵养教育情怀，感悟幼儿园护理工作中蕴含的劳动精神和爱岗敬业精神，提高职业素养。			
总评分				
任务反思				

学习支持

幼儿正处在生长发育关键期，免疫系统尚未成熟，因此，在日常生活中不可避免地会出现生病的情况。为了更好地促进幼儿的健康成长，保育师需要掌握常用护理技术。

一、体温、脉搏、呼吸的观察与测量

在幼儿园，保育师一般通过用水银体温计测量幼儿腋窝温度的方式来测量幼儿的体温。正常体温（腋表）为36℃—37℃，不同个体的正常体温稍有差异。正常情况下，幼儿的体温会稍高于成年人。

脉搏测量最常用的部位是桡动脉，其次是颞动脉及颈动脉等。测量脉搏需在幼儿安静及体位舒适的情况下进行。

呼吸即通过吸入氧气和呼出二氧化碳，进行人体内外环境之间气体交换。幼儿多呈胸腹式呼吸，年龄越小，呼吸频率越快。

（一）体温的测量（以水银体温计测量腋窝温度为例）

1. 用物准备

水银体温计、计时器、毛巾或纱布、记录本。

2. 操作步骤

(1) 检查温度计是否破损、水银线是否低于35℃。如果破损，立即更换温度计，如果水银线高于35℃，需轻轻用力甩动温度计，使水银线低于35℃；

(2) 解开幼儿的衣物，用干净的干毛巾或纱布擦干幼儿腋窝的汗液，把体温计水

银头部夹在幼儿腋窝正中处，同时提醒幼儿夹紧体温计，弯曲手臂。为了确保幼儿皮肤与体温计充分接触，保育师要帮幼儿扶住测体温的手臂。

(3)10 分钟过后轻轻取出体温计，读取度数。在查看度数时，保育师的手要捏住体温计的非水银头端，轻轻转动体温计并读取度数。

(4)记录幼儿体温，并协助幼儿穿好衣物。

3. 指导要点

(1)测体温时水银体温计的水银端一定不能露出腋窝外。

(2)如果对测得的温度有怀疑，应该重复测量。

(3)体温计用后应放在消毒液中浸泡 30 分钟，然后用清水冲净，拭干备用。

(4)幼儿饮食、活动、哭闹后应安静 30 分钟再测量体温。

(5)保育师要与家长保持密切联系，及时告知家长幼儿的体温测量情况。

(二)脉搏的测量

1. 用物准备

计时器、记录本。

2. 操作步骤

把食指、中指、无名指的指端平放于幼儿手腕桡动脉搏动处，压力的大小以清楚触到脉搏为宜，数 30 秒脉搏数，将所测数值乘以 2，即为每分钟脉率。

3. 指导要点

(1)幼儿活动后要休息 15 分钟左右再测量脉搏。

(2)不宜用拇指为幼儿测量脉搏。

(3)在幼儿进食或哭闹时先不测量脉搏。

(4)保育师要与家长保持密切联系，及时告知家长幼儿的脉搏测量情况。

(三)呼吸的测量

1. 用物准备

计时器、记录本。

2. 操作步骤

将手置于幼儿胸、腹部或在其呼吸时观察胸腹部运动，一起一伏为一次呼吸。须测 1 分钟呼吸次数。也可将棉花少许置于幼儿鼻孔边缘，观察棉花纤维的摆动次数，计时 1 分钟。

3. 指导要点

(1)幼儿的呼吸频率受年龄、运动、哭闹、发热、精神变化等因素的影响，应在安静状况下进行测量。测量前幼儿如有剧烈运动、哭闹等情况，应休息 20—30 分钟再测量。

(2) 呼吸受意识控制，因此测量呼吸前不必解释，在测量过程中也不能使幼儿察觉，以免其紧张，影响测量结果的准确性。

(3) 保育师要与家长保持密切联系，及时告知家长幼儿的呼吸测量情况。

二、冷热敷与物理降温

冷敷可以降低体温、减轻局部充血或皮下出血、减轻疼痛、控制炎症扩散。冷敷法分为局部冷敷法与全身冷疗法，幼儿园一般使用局部冷敷法。局部冷敷法主要是用冷湿毛巾、冰袋等置于需要冷敷的部位。

热敷可以保暖、解痉、消肿、止痛，促进炎症、淤血的吸收等。热敷主要包括湿热敷、干热敷、热水坐浴等。在幼儿园中最常用的是干热敷中的热水袋热敷法。

常见的物理降温措施有头部冷湿敷、温水擦浴等，在幼儿园中最常用的物理降温措施是头部冷湿敷。

(一) 冷敷(以冰袋冷敷法为例)

1. 用物准备

冰袋、毛巾、计时器。

2. 操作步骤

用干净的毛巾包裹住冰袋放在需要冷敷的部位，冷敷时间不能太长，以免冻伤皮肤，一般冰袋冷敷时间不超过 30 分钟。

3. 指导要点

(1) 冷敷过程中要注意观察幼儿有无发生寒战，皮肤颜色有无改变，如果有，应该立即停止冷敷。

(2) 用冰袋冷敷时要注意观察冰袋有无漏水或移位，冰袋里的冰融化后应及时更换冰袋。

(3) 严禁在幼儿的前胸、腹部、后颈冷敷。

(4) 高热恶寒、对冷刺激敏感的幼儿不宜使用冷敷法。

(5) 保育师要与家长保持密切联系，及时告知家长幼儿的冷敷情况。

(二) 热敷(以热水袋热敷法为例)

1. 用物准备

热水袋、布套、计时器、纸巾。

2. 操作步骤

将热水灌入热水袋(水温不超过 50℃)至 1/2—2/3 满,排出热水袋内的空气,拧紧盖子,擦干外表。提起热水袋挤压、抖动,确保不漏水后套上布套,放于需要热敷的部位,热水袋口朝向身体外侧。一般热水袋热敷时间不超过 30 分钟。

3. 指导要点

(1) 热水袋一定不能直接接触幼儿的皮肤。

(2) 热水袋的热水要及时更换以保持一定温度。

(3) 软组织扭伤、挫伤初期(48 小时之内)不能使用热敷法。

(4) 面部危险三角区化脓时不能使用热敷法,急性腹部疾病没有明确诊断前不能使用热敷法。

(5) 如果是炎症部位热敷,热水袋灌水 1/3 满,否则可能会因为压力过大引起幼儿疼痛。

(6) 保育师要与家长保持密切联系,及时告知家长幼儿的热敷情况。

(三) 物理降温(以头部冷湿敷法为例)

1. 用物准备

两条毛巾、脸盆、计时器。

2. 操作步骤

准备两条干净的毛巾和一盆洁净的冷水,将一条毛巾折叠成数层,放在冷水中浸湿,拧成半干敷在幼儿的前额,每 3—5 分钟更换一次毛巾,持续敷 15—20 分钟。

3. 指导要点

(1) 头部冷湿敷过程中要密切关注幼儿的反应和体温变化情况。

(2) 保育师要与家长保持密切联系,及时告知家长幼儿的物理降温情况。

三、观察大小便及简易通便法

大小便是身体的晴雨表,能从一定程度上反映出一个人的身体健康状况。因此,保育师应该学会观察幼儿的大小便。幼儿在幼儿园有时会出现排便困难的情况,这时就需要保育师利用简易通便法帮助幼儿排便。最常用的简易通便法为开塞露通便法。

(一) 大便的观察

1. 大便量及次数

每日排便量与食量及食物种类有关系。幼儿每天 1—2 次。

2. 形状与软硬度

正常大便为条形软便。便秘时大便呈栗子样，消化不良或急性肠炎时为稀便或水样便。

3. 颜色

一般为黄褐色，也会随摄入食物或药物的不同而变色。

4. 气味

与摄入的食物种类有关，消化不良时呈酸性臭味，肠道感染时有特殊恶臭味。

5. 大便中的异常混合物

(1) 黏液：正常的粪便表面附有一薄层黏液，肠道有炎症时粪便表面会出现大量的黏液。

(2) 脓血：脓血便常见于细菌性胃肠炎等胃肠疾病中。

(3) 寄生虫：肠道寄生虫感染者的大便中会有蛔虫、蛲虫、绦虫等寄生虫的虫体或结节等。

如果发现幼儿出现排便异常的情况，要及时与家长联系，必要时送幼儿到医院就医。

(二) 小便的观察

1. 尿量与排便次数

幼儿的正常排尿量为 500—600 毫升 / 日，每日 6—7 次。

2. 颜色

正常尿液为淡黄色。尿少时颜色较深，尿多时颜色较浅，尿液颜色的深浅会随液体摄入的多少而发生改变。

3. 透明度

正常新鲜尿液澄清透明，放置一段时间后会因为盐类析出或细菌生长而变得浑浊。

4. 气味

正常新鲜尿液无特殊气味，放置一段时间后会有氨臭味。当泌尿系统感染时，新鲜尿液也有氨臭味。

如果发现幼儿出现排尿异常的情况，要及时与家长联系，必要时送幼儿到医院就医。

(三) 简易通便法(以开塞露通便法为例)

1. 用物准备

开塞露、剪刀。

2. 操作步骤

先平行剪开开塞露的封口，挤出少许液体润滑管口，然后把管口插入幼儿肛门，用力挤压塑料管后端，使药液射入肛管内。

3. 指导要点

(1) 在剪开塞露封口时，一定要平齐，不要形成斜面，不然尖锐面可能会刺伤幼儿的肛门。

(2) 为了达到更好的通便效果，开塞露在幼儿肛管内存留一段时间后，再让幼儿排便。

(3) 保育师要与家长保持密切联系，及时告知家长幼儿的通便、排便情况。

四、常用的给药方法及相关知识

(一) 喂药

1. 用物准备

药物、温开水。

2. 操作步骤

(1) 洗净双手后先固定好幼儿的头部，使其头歪向一侧。

(2) 一只手托着幼儿的下巴，另一只手端着药勺紧贴着幼儿的嘴角将药倒入幼儿口中。

(3) 等幼儿咽下药之后，放开幼儿的下巴，让其喝几口温开水。

3. 指导要点

(1) 自带药应向家长索要医院处方及病例，同时确保药物的包装完整，并在有效期之内。最后还要让家长在幼儿园带药、服药登记表上登记，如果出现两个及以上同名同姓幼儿同时需要服药，一定要做好备注，并亲自交给班级老师。

(2) 喂药前，保育师要认真查看带药、服药登记表，仔细核对幼儿的姓名、药名、剂量、服药方法以及服药时间等，然后用七步洗手法洗净双手。

(3) 如果多个幼儿需要喂药时，保育师应按照登记顺序逐一进行，并做好记录。切忌穿插喂药，以免误服、漏服。

(4) 当幼儿因不愿吃药哭闹时，切忌捏鼻子灌药。

(5) 不同年龄的幼儿应采用不同的服药方法。对于年龄大的幼儿，鼓励他们自己用温水服药。对于年龄小的幼儿，应把药碾成粉末，溶于温开水中，用小勺送服。

(6) 班级中应配备用来存放幼儿药品的专用药箱，药箱应妥善保存在幼儿接触不到的地方。

(7) 保育师要与家长保持密切联系,及时告知家长幼儿的用药情况。

(二) 滴眼药水

1. 用物准备

眼药水、毛巾或纱布。

2. 操作步骤

(1) 洗净双手后用干净的毛巾或纱布替幼儿擦去眼部的分泌物。

(2) 让幼儿采取坐位或仰卧位,头稍微向后仰,眼睛向下看。

(3) 用左手拇指与食指轻轻分开幼儿上下眼皮,拉开下眼睑。

(4) 右手持滴管,将 1—2 滴药液滴入幼儿下眼睑的结膜囊内。

(5) 用拇指、食指轻提幼儿的上眼皮,松开下眼睑,嘱咐幼儿转动眼球,使药液均匀地分布于眼内。

(6) 点完眼药后,让幼儿轻闭双眼 2—3 分钟,同时用手轻揉眼睛数秒钟,以促进眼药在眼内更好地扩散。

3. 指导要点

(1) 给药前要仔细核对幼儿姓名、药名、给药时间等。

(2) 为一个幼儿点完眼药后,一定要用七步洗手法洗净双手,再为另一个幼儿点药。

(3) 过期或没有标签的眼药一定不能使用。

(4) 为幼儿滴眼药时滴管距眼睑至少 1—2 厘米。

(5) 保育师要与家长保持密切联系,及时告知家长幼儿的用药情况。

【拓展延伸】

表 1 幼儿带药、服药登记表

日期	班级	姓名	药物名称	服用剂量、方法、时间	家长签字	喂药时间及教师签字

表 2 不同年龄儿童呼吸速率正常值(次/分)

年龄	呼吸
1 岁以下	30—40
2—3 岁	25—30
4—7 岁	20—25
8 岁及以上	18—20

任务三　幼儿常见意外伤害的预防与应急处理

学习目标

知识目标：了解幼儿常见意外伤害的类型，能掌握并描述预防幼儿常见意外伤害的指导要点和幼儿常见意外伤害的应急处理步骤。

能力目标：能按照处理幼儿常见意外伤害的指导步骤，主动获取并整理有效信息，正确开展岗位情景演练，乐于展示成果、善于总结反思，提高职业能力。

素养目标：能积极参加学习和实操，涵养教育情怀，感悟幼儿安全保育工作中蕴含的劳动精神和爱岗敬业精神，提高职业素养。

学习准备

资源预学：

微课视频资源：幼儿常见意外伤害的类型和预防

实操视频资源：幼儿常见意外伤害的应急处理和海姆立克急救法

资料收集：

通过互联网查找、图书馆查阅、调研咨询等方式收集并整理幼儿常见意外伤害应急处理的相关资料。

情境描述 1

近几年来，幼儿园里安全事故日益成为人们关注的焦点，而幼儿园里烫伤事故每年都时有发生，这不仅给烫伤幼儿自身造成损伤，同时也给家庭、社会带来不同程度的负担。幼儿园首先要重视幼儿烫伤的预防，其次要会正确处理烫伤，这对于减轻伤情，促进创面早期愈合很有帮助。

引导问题

一名 4 岁男童在幼儿园就餐时，不慎撞倒热汤桶造成严重烫伤。监控显示，在一处四周摆放着儿童桌椅的区域内，有 10 多名儿童聚集在此，一名穿着红色短袖的女老师提着一个铁桶进入该区域，将手中的铁桶放在过道上便离开了。随后，该区域有 4 名男童开始打闹，其中有一名男童在倒退过程中，不慎撞倒铁桶，铁桶内的热汤粥溅到男孩的腿上，男孩随即发出一声痛苦的惨叫，此时，两名老师跑入该区域内，将男孩的所有衣服脱掉。

1. 作为一名保育师，你怎么理解预防幼儿烫伤保育的意义和工作内容？

____

____

____

2. 案例中幼儿烫伤后，保育师应该怎么做才是正确处理幼儿烫伤的做法？

____

____

____

3. 案例中幼儿受到严重的烫伤，保育师该如何提升自身的保育能力？

____

____

____

任务实施 1

处理幼儿烫伤保育工作情景演练

实施背景

在处理幼儿烫伤保育工作中，保育师经常会凭主观经验判断幼儿的伤势，或在处理烫伤时出现操作不当等问题。

实施准备

实训环境：幼儿园仿真实训室、网络学习终端。

组建小组：学生按照“同组异质、异组同质”原则自由组建，每组 4—6 人。

实施内容

借助线上线下各类资源，选取某个烫伤问题，开展处理幼儿烫伤保育工作情景演练。

实施过程

1. 教师向各小组提出任务要求；
2. 各小组按要求开展研讨、撰写方案；
3. 各小组按本组方案进行演练准备；
4. 各小组依次进行保育工作情景演练展示，演练的同时有小组成员在一旁解说。

解说词：

____

____

____

实施反思

1. 其他小组的展示，你最喜欢哪个？试对其进行评价。

____

____

2. 看过其他小组的展示后，你认为本组的展示有哪些地方可以改进？

____

____

3. 通过参加幼儿保育工作情景演练，你有哪些收获和感悟？

____

____

讨论记录

____

____

____

情境描述 2

幼儿活泼爱动，身体平衡能力较差，对周围的危险因素缺乏认识，所以幼儿摔伤比较常见。

引导问题

某幼儿园户外活动时，一大群孩子正在幼儿园操场里玩耍，有一个穿着蓝色运动衣的男孩叫佑佑，只见他爬上了一个由四个轮胎叠高组成的器材，在没有和其他人发生碰撞的情况下突然摔到了地上。佑佑爬起来后向旁边的老师哭诉，老师首先安抚他的情绪，还帮着活动了一下手臂，发现情况不对后，带他离开了现场，立即去医院深度检查，经过医院检查，孩子手臂严重骨折。

1. 作为一名保育师，你怎么理解预防幼儿摔伤保育的意义和工作内容？

____

____

2. 案例中幼儿摔伤后，保育师应该怎么做？处理幼儿摔伤的要点有哪些？

____

____

3. 案例中幼儿摔伤后手臂严重骨折，保育师该如何提升自身的保育能力？

____

____

任务实施 2

处理幼儿摔伤保育工作情景演练

实施背景

当幼儿摔伤后，保育师在处理幼儿摔伤保育工作中如何第一时间实施科学应急处理。

实施准备

实训环境：幼儿园仿真实训室、网络学习终端。

组建小组：学生按照"同组异质、异组同质"原则自由组建，每组4—6人。

实施内容

借助线上线下各类资源，选取某个摔伤问题，开展处理幼儿摔伤保育工作情景演练。

实施过程

1. 教师向各小组提出任务要求；
2. 各小组按要求开展研讨、撰写方案；
3. 各小组按本组方案进行演练准备；
4. 各小组依次进行保育工作情景演练展示，演练的同时有小组成员在一旁解说。

解说词：

____

____

____

实施反思

1. 其他小组的展示，你最喜欢哪个？试对其进行评价。

____

____

2. 看过其他小组的展示后，你认为本组的展示有哪些地方可以改进？

____

____

3. 通过参加幼儿保育工作情景演练，你有哪些收获和感悟？

____

____

讨论记录

____

____

____

情境描述 3

幼儿安全教育贯穿于幼儿一日生活的各个环节，防止幼儿异物入体也是幼儿园保育工作中的重要安全教育，常见的异物入体有：鼻腔异物、咽部异物、眼内异物和外耳道异物。

引导问题

某幼儿园有个刚入园的小朋友，性格活泼外向，但午休习惯不好，已经入园半个月了，中午还是不能按时午休。有一天中午午休时，保育老师发现这个一向活泼爱动的小朋友趴在床上一动不动，这位老师立即提高警惕，慢慢翻动这个小朋友，认真检查其是否出了什么问题，最后发现孩子鼻孔里堵塞了一个珠子，幸亏堵塞得不太深。然后，老师就按照鼻腔异物的专业处理步骤，让幼儿闻胡椒粉的味道，幼儿通过打喷嚏把小珠子给呛出来了。

1. 作为一名保育师，你怎么理解防止幼儿异物入体的意义和工作内容？

____

____

2. 案例中保育老师用到哪些方法帮助幼儿呛出鼻腔异物？

____

____

3. 案例中保育老师有哪些职业素养值得我们认真学习？

____

____

任务实施 3

处理幼儿咽部异物工作情景演练

实施背景

幼儿年龄小，好奇心强，安全防护意识不强，很容易发生异物入体的现象。

实施准备

实训环境：幼儿园仿真实训室、网络学习终端。

组建小组：学生按照“同组异质、异组同质”原则自由组建，每组 4—6 人。

实施内容

借助线上线下各类资源，选取某个（鼻腔、咽部、眼内、外耳道）异物入体现象，开展异物入体应急处理的情景演练。

实施过程

1. 教师向各小组提出任务要求；
2. 各小组按要求开展研讨、撰写方案；
3. 各小组按本组方案进行演练准备；
4. 各小组依次进行保育工作情景演练展示，演练的同时有小组成员在一旁解说。

解说词：

____

____

____

实施反思

1 . 其他小组的展示，你最喜欢哪个？试对其进行评价。

____

____

2 . 看过其他小组的展示后，你认为本组的展示有哪些地方可以改进？

____

____

3 . 通过参加幼儿保育工作情景演练，你有哪些收获和感悟？

____

____

讨论记录

____

____

____

巩固练习

【单选题】

1. 处理烫伤的步骤,正确的是(　　)。

A. 冲—泡—脱—盖—送　　B. 冲—脱—泡—盖—送

C. 冲—脱—盖—泡—送　　D. 冲—泡—盖—脱—送

2. 幼儿烫伤后,真皮深层组织损伤,可有或无水泡,痛觉迟钝,拔毛痛,基底苍白,间有红色斑点,属于(　　)烫伤。

A. Ⅰ度　　B. 浅Ⅱ度

C. 深Ⅱ度　　D. Ⅲ度

3. 幼儿头部意外摔伤后要密切观察(　　)小时。

A. 24　　B. 12

C. 48　　D. 6

4. 幼儿摔伤后的应急处理,正确的是(　　)。

A. 先用酒精消毒

B. 伤口较浅,可先消毒后清洗

C. 伤口较浅时,也需要包扎

D. 不能对着伤口咳嗽、打喷嚏

5. 处理咽部异物,错误的是(　　)。

A. 要立即抱起幼儿,头朝下

B. 可用手拍背,使异物咳出

C. 若幼儿疼痛加剧,应立即送保健室或医院

D. 可采用吃饭团方式让幼儿将异物咽下

6. 幼儿鼻腔出现异物,错误的做法是(　　)。

A. 小异物,可按住无异物一侧鼻孔,用力擤出

B. 也可用纸捻刺激鼻部,帮助异物排出体外

C. 可用镊子将异物夹出

D. 均不能取出异物,要去医院进一步处理

7. 一旦异物进入眼内,可让幼儿轻轻闭上眼睛,切不可以搓揉眼睛,以免损伤(　　)。

A. 眉毛　　B. 睫毛

C. 眼皮　　D. 角膜

8. 外耳道异物如果是(　　),可用倾斜头、单脚跳跃的动作,将异物震出。

A. 飞虫　　B. 昆虫

C. 植物性异物　　D. 生物性异物

任务评价

任务评价表

班级:　　　　姓名:　　　　学号:

评价项目	评价内容和标准	个人自评(0—20分)	小组评价(0—30分)	教师评价(0—50分)
知识技能	能掌握并描述预防幼儿常见意外伤害的指导要点和幼儿常见意外伤害的应急处理步骤。			
职业能力	能按照处理幼儿常见意外伤害的指导步骤,主动获取并整理有效信息,正确开展岗位情景演练,乐于展示成果、善于总结反思,提高职业能力。			
职业素养	能积极参加学习和实操,涵养教育情怀,感悟幼儿安全保育工作中蕴含的劳动精神和爱岗敬业精神,提高职业素养。			
总评分				
任务反思				

学习支持

一、幼儿常见意外伤害的类型

幼儿常见的意外伤害有烫伤、摔伤、异物入体等,保育师应深入了解幼儿烫伤、摔伤和异物入体的原因及表现症状,根据幼儿受伤症状,能够在第一时间做到科学应急处理,这对幼儿的健康成长有重要意义。

(一)烫伤

1. 烫伤的原因

幼儿烫伤一般是与高温液体、高温固体或高温蒸汽接触所引起的组织损伤。幼儿年龄小,运动机能还没发育完全,身体平衡能力较差,又好奇心强、活泼爱动,对周围的热开水、热汤粥等危险因素缺乏认识,很容易发生烫伤危险;幼儿园还有很多意外事故是由于保育师在幼儿一日生活常规中安全意识淡薄,没有执行园所的安全规章制度;还有一些烫伤事故是由于幼儿园园所设施设备安全建设不达标,存在安全隐患。

2. 烫伤程度

Ⅰ度烫伤:为红斑型,是表皮浅层的组织损伤,受伤处皮肤表现为轻度红、肿、灼痛,无水泡。

浅Ⅱ度烫伤:为水泡型,是表皮全层和真皮浅层的组织损伤,表现为红肿明显,疼痛剧烈,有大小不一的水泡,创伤的基底潮红。

深Ⅱ度烫伤:是真皮深层组织损伤,可有或无水泡,痛觉迟钝,拔毛痛,基底苍白,间有红色斑点。

Ⅲ度烫伤:为焦痂型,组织损伤主要在于皮肤全层、皮下、肌肉或骨骼,皮肤感觉消失,无水泡,蜡白、焦黄或炭化。

(二)摔伤

1. 摔伤的原因

(1) 年龄因素:幼儿年龄小,身体运动机能没有发育完善,又由于幼儿注意力易分散,自我控制能力、生活经验和社会认知比较欠缺,对周围的危险因素缺乏防范意识,很容易发生摔伤事故。

(2) 保育师因素:有部分保育师对幼儿保育工作的安全性、科学性认识不足,认为只要照顾好幼儿的饮食和卫生就可以做好保育工作,对幼儿安全保教麻痹大意,没有认真遵守幼儿园制定的安全管理制度,以致造成一些本不该发生的摔伤事故。

(3) 幼儿园设施设备方面:有些设施设备老化,没有及时维修更新;有些设备设置的高度不适合幼儿的身高;有些设备没有经过安全处理,也容易引发幼儿摔伤。

2. 摔伤的程度

幼儿摔伤程度:一般有轻度摔伤、皮肤擦伤、扭伤、骨折、头部摔伤。

(三)异物入体

1. 异物入体的原因

幼儿天生充满好奇心,喜欢探索,但面对周围的事物缺少自我保护意识,有时喜欢用“吃”的方式去了解事物,也经常对身体的各种孔、洞充满好奇,塞进去的东西五花八门,再加上成人不科学的照养方式,导致异物入体,带来的危害不言而喻。异物入体尤以3—6岁儿童多见,常见的异物进入体内的部位有鼻腔、咽部、眼部、外耳道等,这给幼儿带来不同程度的意外伤害,保育师需做好幼儿这方面的安全教育,这对幼儿健康成长有重要意义。

2. 异物入体的部位

(1)鼻腔异物。

幼儿有时在好奇心的驱使下把豆子、花生米、纸团、纽扣、小珠子塞入鼻腔一侧等,然后用小手抠鼻孔,使得异物越堵越深;有时在狼吞虎咽吃饭时,食物经鼻咽腔进入鼻腔;有时在户外玩耍时也会碰到小虫子飞到鼻孔里。

鼻腔异物会导致下列情况:一般会导致通气不畅,呼吸困难;鼻腔异物可导致鼻腔黏膜破损、出血;鼻腔异物存在时间过长,可导致鼻腔组织变质,并伴有臭味;严重的情况下,鼻腔异物可导致鼻腔爬行感、瘙痒感,甚至鼻窦炎。

(2)咽部异物。

有些幼儿没有养成良好的进食习惯,要么喜欢狼吞虎咽,要么喜欢嬉笑打闹,一不小心就会出现较大异物嵌在咽喉部位或气管处,面部发青、呼吸不畅的情况;还有些幼儿在吃鱼时鱼刺扎在咽喉部位,出现吞咽时疼痛不适等情况;还有些幼儿喜欢把小颗粒状塑料玩具、金属异物塞进嘴里,这很容易引发异物呛入咽喉部位。

(3)眼内异物。

有时幼儿喜欢揉眼睛,眼睫毛有可能进入眼睛里;有时幼儿户外活动,外面的沙粒、灰尘、铁屑、谷皮、小虫子等异物有可能进入幼儿的眼睛内,眼部会出现睁不开、异物感、刺痛、流泪、畏光等不适。

(4)外耳道异物。

幼儿常见的外耳道异物有:

动物性异物:多为小昆虫;

植物性异物:多为豆类、小果实、谷粒等;

其他异物:小纽扣、小珠子、小石头、沙土、塑料或金属玩具小颗粒等。

外耳道异物比较常见的症状是耳闷、耳鸣、耳痛、耳道异物感,还会出现听力下降、头疼、眩晕、反射性咳嗽等症状。如果小虫子在外耳道活动,容易损伤外耳道和鼓膜,引起耳痛。

二、幼儿常见意外伤害的预防

意外伤害给幼儿的身心健康带来巨大的伤害,幼儿园保育师和家长都应该提高安全防范意识,现有一些指导要点可供参考学习。

(一)预防幼儿烫伤的指导要点

(1)培养幼儿的自我保护能力。保育师可把安全教育以游戏活动的形式融入幼儿一日生活常规中,并通过模拟演练、动画仿真视频教育幼儿要远离热开水、电源插座,不在厨房等地方玩火等。

(2)加强幼儿园的安全管理。首先,幼儿园应制定严格完善的安全保障制度;其次,加强保育师的职业培训,提高保育师保教能力;最后,做好园所设施设备安全检修工作,及时排除安全隐患。

(3)提高家长的安全意识。加强家园共育,向家长推送烫伤事故安全教育案例,提升家长在育儿过程中的安全防范意识和烫伤应急处理能力。

(二)预防幼儿摔伤的指导要点

(1)做好幼儿的安全教育。保育师应提升职业素养和职业技能,以耐心、细心、责任心关爱幼儿的成长,把科学育儿、安全育儿融入幼儿教育的每个环节中,及时提醒幼儿在进餐饮水、户外活动、上下楼梯时注意安全,把安全教育以游戏活动的形式融入幼儿一日常规,并通过模拟演练帮助幼儿提升安全防范意识。

(2)加强幼儿园的安全管理。首先,幼儿园应制定严格完善的安全保障制度;其次,幼儿园应及时维修设施设备,比如滑梯、攀登架、蹦蹦床、秋千等户外活动器械,排查各种安全隐患,切实为幼儿的健康成长保驾护航。

(3)提高家长的安全意识。加强家园共育,向家长开设幼儿安全教育大课堂,向家长推送摔伤事故安全教育案例,提升家长的安全防范意识和摔伤应急处理能力。

(三)预防幼儿异物入体的指导要点

(1)培养幼儿良好的饮食习惯。教育幼儿进食时细嚼慢咽,不要说话、大笑、跑跳,大人更不要惊吓、逗乐、训斥幼儿,以免幼儿大笑大哭时把食物呛入咽部。

(2)培养幼儿预防异物入体的安全意识。告诉幼儿不要将别针、硬币、纽扣等物塞进鼻孔、耳朵或放在嘴里玩;最好不要给较小的幼儿吃花生米、瓜子、豆子、果冻等,以免发生意外,或幼儿必须在大人的监护下吃这些食物,大人要引导幼儿一口一口慢慢吃。

(3) 提高家长的安全意识。加强家园共育，向家长开设幼儿安全教育大课堂，向家长推送幼儿异物入体事故安全教育案例，提高家长的安全防范意识和应急处理能力。

三、幼儿常见意外伤害的应急处理

当幼儿遭受意外伤害时，第一步保育师应快速观察现场，及时判断幼儿意外伤害的类型；第二步通知园长和保健医生，对幼儿的受伤情况实施初步的应急处理，如果幼儿受伤情况较为严重，须及时拨打医院电话，并通知家长，在与家长沟通时，要根据幼儿受伤情况讲究沟通策略；第三步安抚幼儿情绪，维护现场秩序；第四步及时加强预防意外伤害安全教育。

(一) 幼儿烫伤的应急处理

烫伤的处理步骤分为“冲”—“脱”—“泡”—“盖”—“送”。

(1)“冲”：要立即用流动的冷水冲洗烫伤处 20 分钟，降低皮肤表面温度，直至疼痛消失。然后呼叫保健医生。

(2)“脱”：在冲冷水过程中，小心脱去或剪开烫伤处周围的衣物。如果衣服与皮肤粘连，则让保健医生来处理。

(3)“泡”：伤口没有破开，可以继续在洁净冷水中(不可用冰水)浸泡 10 分钟，继续降低温度，以减轻疼痛，避免起泡或加重烫伤程度；如果伤口开放不可浸泡。

(4)“盖”：随后用保鲜膜轻轻覆盖在烫伤处，再用无菌纱布将伤口包裹起来，避免在阳光下直射。

【注意】如果是轻度烫伤，可涂烫伤膏；如果面积较大，不要随便涂药物。

(5)“送”：如果出现严重烫伤，为预防感染，要立即送往医院。

【注意】若烧、烫伤面积较大，幼儿烦躁口渴，可少量多次给予淡盐水饮用。

(二) 幼儿摔伤的应急处理

(1) 如果幼儿摔伤程度比较轻，仅出现皮肤轻微擦伤，可以用生理盐水冲洗伤口，去除伤口表面的污物。随后使用碘伏进行消毒，不必包扎。

(2) 如果幼儿摔伤后，伤口较深且面积较大，出血较多时，应立即用消毒纱布将局部包扎压迫止血后送往医院，途中要把受伤部位抬高，有必要的话还须打破伤风疫苗。

(3) 如果幼儿头部摔伤，出现头皮出血、头皮凹陷、头痛或呕吐等症状，立即用消毒纱布轻轻按压伤口以止血，及时就医，进行相应的检查和治疗。如果摔伤未出血，要对其进行24小时密切观察，如出现恶心、呕吐、哭闹不止、眼耳鼻周围有血、头部剧烈疼痛等情况中的任何一种，一定要及时送医院处理。

【注意】

1. 头部摔伤无论轻重都要告知家长。

2. 不要对着伤口喷唾液。

3. 包扎时，不要用手触摸伤口部位，以免污染伤口。

4. 当用消毒纱布或创可贴包扎伤口时，不要包扎得太紧，以便让伤口透气，不可用带有绒毛的布块直接覆盖在伤口上，也不可在伤口上敷其他止血物品。

【拓展延伸】

幼儿园玩、教具的安全注意事项

(1) 选择符合国家安全标准的玩具，且适合幼儿的年龄特征。

(2) 玩具的结构要造型圆润、少凹凸，避免有容易脱落的小配件和锐利棱角。

(3) 幼儿不玩带有锋利边角，包括玻璃和金属材质的玩具。

(4) 避免给小班幼儿提供体积较小的玩具或豆类玩具，防止幼儿吞食。

(5) 幼儿玩抛掷玩具时，教师可选择顶部为橡胶吸盘的飞镖类玩具，避免尖锐物戳破皮肤。

(6) 玩电子玩具时，教师要仔细阅读使用要求(比如电动火车玩具的零件数量、电池工作环境)，定期检查玩具的电池后盖。

(7) 户外大型娱乐设施须定期检查与维修维护。发现隐患及时维修，未修复前严禁使用。

(8) 夏天炎热的天气，在幼儿活动前注意给户外大型娱乐设施“降温”。

(三) 幼儿异物入体的应急处理

1. 鼻腔异物的应急处理

幼儿鼻腔异物如果不是很大，可以通过刺激鼻腔、擤鼻子的方法取出。

(1) 刺激鼻腔：可以用棉絮或纸张轻轻刺激鼻腔，使幼儿打喷嚏，通过打喷嚏的动作，鼻腔里的异物比较容易被排出来。

(2) 擤鼻子：用手按压另一侧无异物的鼻孔，用力擤鼻子，也有一定的概率可以排出鼻腔的异物。

(3) 如果异物体积较大且位置较深,通过这些方法无效,切不可擅自用镊子夹取异物,应尽快带幼儿去医院就诊。

2. 咽部异物的应急处理

(1) 当保育师发现幼儿咽部呛入异物时,应首先安抚幼儿的情绪,检查幼儿被异物呛入咽喉的情况,尽快了解是哪种异物呛入咽喉,并及时报告医生,对症处理;

(2) 如果被鱼刺扎在咽喉部位,应立即停止进食,保育师应边做示范边引导幼儿努力张大嘴巴,鼓励幼儿用力将鱼刺咳出来,如果咳不出来,立即送幼儿去医院请专业医生进行处理;

(3) 当较大异物嵌在咽喉部或气管处,幼儿出现呼吸困难现象,一旦出现异物阻塞气道,幼儿会因为窒息而有生命危险,应立即实施海姆立克急救法,并拨打"120"急救电话。

【拓展延伸】

海姆立克急救法操作方法

(1) 急救者首先以前腿弓,后腿蹬的姿势站稳。

(2) 使患者坐在自己弓起的大腿上,并让其身体略前倾,将双臂环住其腰部。

(3) 对准肚脐上方两指处,找到正确的位置。左手握拳,大拇指在拳内,右手从前方握住左手手腕,形成合围之势。

(4) 然后突然用力收紧双臂,用左拳虎口向患者上腹部后上方连续猛烈施压 5—6 次,让患者弯腰,张开嘴巴,检查一下患者口腔,然后再重复操作,直到异物被排出。

【注意】海姆立克手法虽然有用,并不是万试万灵的,而且它还存在一定风险,如果异物堵塞引起窒息、意识丧失,则在尝试过海姆立克手法无效时应该立即就地开始心肺复苏。

无论是哪种异物,即使最后就医取出来了,过程也是相当痛苦的,最好的办法就是防患于未然。家长朋友们和幼儿园老师们要随时注意幼儿的安全,教育幼儿进餐时不要边吃饭边说笑,也不要把玩、教具放在嘴里,以防呛入气管。

3. 眼内异物的应急处理

(1) 轻轻将上眼皮向前拉起,让眼皮和眼球之间有一空隙,让泪水向外流出冲刷异物,有时几秒钟就可将异物冲出,一次不行可做多次。切忌用手揉眼睛,以免异物擦伤角膜、眼球或陷进眼组织内。

(2) 如果眼泪冲不出异物，保育师把幼儿眼皮翻开，用棉签或干净手帕蘸点冷开水，轻轻将黏附在眼皮内面的异物清除。切忌胡乱转动眼球，以免异物对眼睛造成进一步伤害。

(3) 如果找不到异物，可用手电筒照明进一步查找，如发现异物嵌在黑眼珠（角膜）上，应立即就医。切忌用指甲、火柴棍或牙签等胡乱挑刮，以免造成更大的损伤或感染细菌病毒。

4. 外耳道异物的应急处理

(1) 对于较小的异物，如沙土，可用消毒棉签蘸一些凡士林，将小异物由里向外轻轻粘出；

(2) 对于体积较小的植物性异物，保育师可以边示范边指导幼儿倾斜头部，做单脚跳的动作，异物有可能会被震出来；

(3) 对于小昆虫，可用手电光对准幼儿耳道，诱使小昆虫自行爬出。如果效果不好，应立即去医院；

(4) 对于体积较大的异物或硬性固体物卡在耳道当中，要立即送幼儿去医院。切忌让幼儿自己用手指掏耳朵，这样很容易损伤外耳道，或将异物推向深处，造成更大的伤害。

任务四　幼儿园常见突发事件的预防与应急处理

学习目标

知识目标：能掌握幼儿园常见突发事件的预防方法及走失、触电、食物中毒、火灾等常见突发事件的应急处理方法。

能力目标：能按照紧急救助的工作要求，主动获取并整理有效信息，正确开展岗位情景演练，乐于展示成果、善于总结反思，提高应急处突能力和职业能力。

素养目标：能积极参加学习和实操，强化责任意识和生命意识，涵养教育情怀，提高职业素养。

学习准备

资源预学：

微课视频资源：幼儿园常见突发事件的预防

实操视频资源：幼儿园常见突发事件的应急处理，心肺复苏术，幼儿园紧急救助流程

资料收集：

通过互联网查找、图书馆查阅、调研咨询等方式收集并整理幼儿园常见突发事件处理相关资料。

情境描述

幼儿园安全工作关系全体幼儿的生命安全，牵动着所有家长的心。保育师要牢固树立“珍爱生命，安全第一”的观念，把幼儿安全工作始终放在重要位置，以高度的责任心、爱心、耐心妥善应对各种意外突发情况，最大限度减少意外突发事件带给幼儿的伤害，确保幼儿的生命安全。

引导问题

近些年发生的幼儿园突发事件：

案例 1：2020 年 9 月 1 日，开学第一天，上午，杭州石桥某幼儿园一名 3 岁女孩上学后不见踪影。家长和园所老师找了一个多小时仍未找到，拨打了“110”求助。警官在详细了解事件情况后确定孩子还在幼儿园，随即进行了地毯式搜索，最后在小四班队伍中找到该女孩。原因是该女孩与小四班一小朋友名字读音近似，样子相像，所以在老师点名时，小女孩以为叫的是自己，于是走错班级。而该班的幼儿正好那天没来，所以小四班老师未及时发现异常。（案例来源于网络，媒体报道）

案例 2：2022 年 11 月 20 日 11 点，重庆一名小女孩在玩耍时误将不锈钢筷子插进插板导致双手被严重电伤，9 根手指被切。（案例来源于网络，媒体报道）

案例 3：2022 年 6 月，西安市某幼儿园 200 余名儿童出现不同程度高烧、呕吐、腹泻等疑似食物中毒的症状，涉及该园大、中、小多个班级。该市疾控专家根据患儿临床症状和实验室检测结果，判断为由沙门氏菌感染引起的食源性疾病。（案例来源于网络，媒体报道）

案例 4：2020 年 7 月 31 日早上 8 点 30 分左右，南宁市仙葫一小区幼儿园发生火灾，起因是幼儿园的厨师烧水引燃了油烟管道内的油污，经过扑救 8 点 40 分左右火灾得到及时控制。火灾发生后幼儿园老师及时把园中的小朋友疏散到小区内安全区域，所幸火灾未造成人员伤亡。（案例来源于网络，媒体报道）

1. 作为一名保育师，你认为应该如何预防幼儿园突发事件的发生？

____

____

2. 当幼儿园发生幼儿走失、触电、食物中毒或火灾等突发事件时，作为保育师，我们应如何实施紧急救助？

任务实施

幼儿常见突发事件应急处理工作情景演练

实施背景

幼儿活泼好动，安全意识薄弱，一旦在幼儿园发生走失、触电、食物中毒等突发事件，会给幼儿带来严重的伤害。作为保育师，当突发事件发生时，一定要能够做到快速反应，妥善进行现场急救处理，最大程度降低突发事件所带来的损伤。

实施准备

实训环境：幼儿园仿真实训室、网络学习终端。

组建小组：学生按照“同组异质、异组同质”原则自由组建，每组 4—6 人。

实施内容

借助线上线下各类资源，选取幼儿园某个突发事件案例，开展情景演练。

实施过程

1. 教师向各小组提出任务要求；
2. 各小组按要求开展研讨、撰写方案；
3. 各小组按本组方案进行演练准备；
4. 各小组依次进行保育工作情景演练展示，演练的同时有小组成员在一旁解说。

解说词：

实施反思

1. 其他小组的展示，你最喜欢哪个？试对其进行评价。

2. 看过其他小组的展示后，你认为本组的展示有哪些地方可以改进？

3. 通过参加幼儿保育工作情景演练，你有哪些收获和感悟？

讨论记录

巩固练习

【单选题】

1.《幼儿园教育指导纲要（试行）》指出："幼儿园必须把（　　）和促进幼儿的健康放在工作的首位。"

A. 保护幼儿的生命　　B. 促进幼儿的游戏学习

C. 促进幼儿茁壮成长　　D. 促进幼儿语言社会发展

2. 幼儿发生触电时，首先要做的是（　　）。

A. 通知幼儿家长　　B. 立即切断电源

C. 维护现场秩序　　D. 拨打急救电话

3. 在实施紧急救助时，观察评估三要素是什么？（　　）

A. 外观、呼吸、血液循环　　B. 外观、呼吸、身体活动

C. 呼吸、血液循环、身体活动　　D. 外观、血液循环、身体活动

【判断题】

1. 发生火灾时，为快速让幼儿脱离火场，可组织幼儿乘电梯下楼。（　　）

2. 转移受伤幼儿时，应根据受伤情况及现场环境选择恰当的转移方式，动作要求轻柔、规范，避免出现二次伤害。（　　）

任务评价

任务评价表

班级：　　　　　姓名：　　　　　学号：

评价项目	评价内容和标准	个人自评（0—20分）	小组评价（0—30分）	教师评价（0—50分）
知识技能	能掌握幼儿园常见突发事件的预防及走失、触电、食物中毒、火灾等常见突发事件的应急处理方法。			
职业能力	能按照紧急救助的工作要求，主动获取并整理有效信息，正确开展岗位情景演练，乐于展示成果、善于总结反思，提高应急处突能力和职业能力。			
职业素养	能积极参加学习和实操，强化责任意识和生命意识，涵养教育情怀，提高职业素养。			
总评分				
任务反思				

学习支持

一、幼儿园常见突发事件的预防

(1)建立健全安全管理制度。设立安全应急预案，定期对保教人员进行安全培训，开展安全应急预案演练。

(2)创设安全的园所环境。加强对幼儿园公共设施和教学教具的管理，定期组织安全专项领导小组成员进行检查，消除一切潜在的危险因素，确保幼儿安全。

(3)加强教职工安全教育。提高保教人员安全意识和安全专业素养，确保在遇到突发事件时保教人员能妥善处理突发事件，消除安全隐患。

(4)提高幼儿安全防范意识和自我保护能力。注意加强幼儿园一日生活各个环节的安全，重视幼儿安全教育，提高幼儿安全防范意识和自我保护能力，减少突发事件的发生。

二、幼儿园常见突发事件的应急处理

(一)幼儿走失

(1)安排好其他幼儿。先请其他教师看护好班级其他幼儿。

(2)立即向园领导报告,沿可能路线搜寻。可通过调看视频监控系统,询问当时在场的家长、老师及周边商铺工作人员等找寻有关线索,发动人员沿可能路线寻找。

(3)尽快报警。报警时应向警方详细描述事发时间、事发地点、幼儿体貌特征和衣帽特征,提供幼儿照片、家庭住址等有关信息,请求警方协助寻找。

(4)通知幼儿父母或其他监护人,在表达歉意的同时接受家长的批评,并尽可能安抚家长情绪。一旦有线索及时通知家长。

(5)警方人员和家长赶到园所后,应配合警察进行调查,共同参与搜寻工作。

【注意】若幼儿走失,父母或其他监护人应立即报案,警方会在第一时间立案调查,不应该等孩子失踪 24 小时后再去报警,尽快寻求警察帮助是最有效的措施。

(6)事后调查与追踪。及时了解搜寻进展,与家长做好后续沟通并进行心理疏导。

(7)记录归档。

(二)触电

(1)立即使触电幼儿脱离电源。若开关箱在附近,应立即拉下闸刀或拔掉插头,切断电源。若距离闸刀较远,无法第一时间切断电源,可用干木棍、硬塑料管等绝缘物体迅速将触电幼儿与带电物分开。

(2)尽快进行生命体征评估和二次评估,了解幼儿受伤情况及受伤程度。

(3)安排其他老师维护现场秩序,并安抚幼儿情绪。

(4)根据评估结果对幼儿实施紧急救助。

情况一:若幼儿神志清醒,将触电幼儿就地平卧,同时给予悉心安慰,观察照顾,不要让其立即站立或走动,以防发生继发休克或心衰竭。

情况二:若幼儿神志不清,立即检查幼儿呼吸和心跳(胸腔是否有起伏,是否有鼻息,是否有脉搏),并立即拨打“120”急救电话。若还有呼吸和心跳,将触电者就地平卧,解松衣扣,保持呼吸道畅通,并保证周围空气流通,严密观察;若无呼吸和心跳,应立即对触电者实施心肺复苏,直至急救人员的到来。

(5)及时通知幼儿家长,做好安抚工作。

(6)记录归档。

【注意】

1. 快速切断电源。电流通过人体时间越长,人体受损越严重。要灵活运用各种方法快速切断电源,缩短触电幼儿带电时间。

2. 切断电源时,切记不可用手直接拉幼儿,也不可用金属物件或潮湿的工具等进行操作,以免引起自身触电。

【拓展延伸】

心肺复苏术

心肺复苏术是针对骤停的呼吸和心跳采取的“救命技术”。一旦发生窒息,黄金抢救时间只有4—6分钟,保育师学习幼儿心肺复苏技术十分重要,关键时刻可以挽救幼儿生命。

实施步骤:

(1) 评估环境。快速观察现场,确保周围环境安全。

(2) 判断意识和呼吸状态。可双手轻拍幼儿肩膀,在耳侧呼唤幼儿,看是否有反应。若幼儿无意识反应,采用“压额抬颏法”开放气道,一手轻压幼儿前额,一手手指轻抬其下巴,面颊贴近幼儿口鼻,通过视线与幼儿身体平齐观察胸部有无起伏来判断幼儿的呼吸状态。

(3) 拨打“120”急救电话。若幼儿无意识、无呼吸,应马上让其他老师帮忙拨打“120”急救电话,然后立即实施心肺复苏术。若无其他人在场,应立即实施2分钟的心肺复苏术,再拨打急救电话。

(4)实施胸外按压。将幼儿仰卧在坚硬平整的地面上,施救者双膝跪在幼儿一侧,距离幼儿一拳位置,寻找按压部位(两乳头连线中点处)。按压时双臂伸直,双手掌根叠加,手指互扣翘起,以掌根按压。上半身前倾,用手臂和上半身力量垂直向下用力有节奏地按压30次,按压深度4—5厘米,按压频率为100—120次/分钟。注意按压时胳膊肘不能打弯。

(5) 开放气道。在开放气道前,先检查幼儿口腔有无异物,并及时清理。再次使用“压额抬颏法”开放气道。

(6) 实施人工呼吸。人工呼吸时,一手压住幼儿前额,另一只手将下颏向上方抬起。再用压住额头的手以拇指食指捏住幼儿鼻翼,正常吸一口气,对准孩子的口部吹气,吹气每次大约持续1秒,看到幼儿胸腹部有微微起伏为有效;然后口唇分开,松开鼻翼，换气（约1秒）后再吹一次。

(7) 心肺复苏时，一般“30次胸外按压+2次人工呼吸”为一个循环，在进行5次循环后，应立即查看幼儿意识、呼吸是否恢复。若并未恢复，还须继续心肺复苏。

（三）食物中毒

(1) 快速观察现场，确保周围环境安全。

(2) 尽快进行生命体征评估和二次评估，尽可能了解幼儿进食的时间、进食食物种类和数量等，分析幼儿发生食物中毒的原因及中毒程度。

(3) 安排其他老师维护现场秩序，并安抚幼儿情绪。

(4) 根据幼儿中毒情况实施应急处理。

情况一：若幼儿神志清醒，中毒程度较轻，且进食有毒食物在1—2小时，可用手指、舌压板、筷子等下压舌根，轻轻刺激幼儿咽部，对幼儿进行催吐，同时饮用温盐水反复进行催吐。

情况二：若幼儿中毒严重，无意识反应，自主呼吸正常，在拨打“120”急救电话的同时，让幼儿呈侧卧位休息，并用纱布或手帕清除幼儿口腔、咽部和鼻腔内的分泌物、呕吐物，保持呼吸道畅通，等待急救人员到来。

情况三：若幼儿无意识反应，也无自主呼吸和心跳，应立即实施心肺复苏术，直至急救人员到达。

(5) 将幼儿送往医院后，厨房内设施设备保留现场，可疑食品留样封存，供化验和查明原因。

(6) 及时通知幼儿家长，做好解释、说明、安抚工作。

(7) 记录归档。

（四）火灾

(1) 拉响警报。发现火情时，保育师要保持镇静，尽快找到并触发附近的消防报警装置，提醒园所所有教职人员启动火灾应急预案。同时做好幼儿情绪安抚工作，提醒幼儿不要乱跑、尖叫、慌乱。

(2) 初期灭火。在初起火灾扑救时，应就近选择适宜的消防器材进行初期灭火。如果火势较大或火灾无法扑灭，应立即拨打“119”“120”“110”电话。

(3) 紧急疏散。

①立即指导幼儿用湿毛巾捂住口鼻，防止吸入有害烟雾。

②引导幼儿从安全出口有序撤离到安全地带。通过烟雾区时，提醒幼儿弯腰低

头、匍匐前行，不要推挤，防止吸入毒雾，防止发生踩踏事件。

【注意】疏散时必须走楼梯，不能乘电梯。

③最后离开教室的保教人员应在撤离前迅速检查教室、卧室、盥洗室等场所有无幼儿，确保所有幼儿安全撤离。

(4)面临火势太大，安全出口被堵无法撤离的情况，应迅速拨打“119”消防报警电话，同时快速找一处没有着火的房间进行躲避，用湿毛巾塞住门缝，防止有害烟雾扩散到室内，开窗通风，呼叫并等待救援。

(5)清点人数，医疗救护。将幼儿成功疏散和解救到安全区域后，应立即按当天出勤名单清点人数，并对幼儿进行伤情检查和相应的现场救护或送医治疗。

(6)通知家长。消防警报解除后，根据统一工作安排，及时联系家长将孩子接回，并认真做好与家长的沟通和交接工作。

(7)事后沟通与疏导。做好幼儿的心理疏导工作，尤其重点关注在火灾中受伤的幼儿及在火灾后身心有异常的幼儿，做好心理疏导与后续追踪工作。

(8)记录归档。

【拓展延伸】

灭火器日常使用方式

看：看压力针表是否在绿色区域。

提：提起灭火器。

拔：拔掉安全销。

瞄：瞄准火苗根部。

压：按压进行灭火。

三、幼儿园紧急救助流程

(1)快速观察现场。当发生突发状况时，应快速观察受伤幼儿所处的现场环境，评估现场环境是否安全，是否存在危险因素，目前有多少人受伤，大概发生了什么。如果现场不安全，存在危险因素，应立即转移伤病幼儿至安全场地。

【注意】转移受伤幼儿时，应根据受伤情况及现场环境选择恰当的转移方式，动作要求轻柔、规范，避免出现二次伤害。

(2)观察评估三要素。三要素即外观、呼吸和血液循环(主要看皮肤颜色)。当接近幼儿的时候,观察幼儿的面部、身体、呼吸状况、皮肤颜色等,通过观察评估,决定是否需要打急救电话。

【注意】这个步骤通常在实施紧急救助之前,走近伤病幼儿过程中进行,整个过程应在15—30秒内完成。

(3)看管其他幼儿。如果需要照看多个孩子,在集中精力照顾伤病幼儿之前,要立即对现场的其他幼儿进行妥善安排,保证其他所有孩子的安全。

(4)检查评估五要素。五要素即外观、呼吸、血液循环、身体活动及其他可能的情况。通过二次评估,更加详细掌握伤病幼儿的具体情况,并再次决定是否需要打急救电话及采取何种急救措施。

(5)实施紧急救助。不同的突发情况、不同伤病的幼儿救助方法各不相同。保育师要通过观察评估三要素和检查评估五要素,科学判断采取何种救助方法,快速安全有效地实施紧急救助。

(6)通知家长,与幼儿及时沟通。通知家长时要保持镇静,告诉家长孩子在幼儿园发生了什么状况,孩子已经接受的紧急救助措施,孩子目前的情况等;在对幼儿进行了紧急救助并通知了相关人员后,还须考虑到接受救助的孩子及其他目睹整个事件发生的孩子们的感受,及时与孩子沟通,解释所发生的事情,安慰幼儿情绪。

(7)记录归档。幼儿园发生意外事件后,保育师应按照要求仔细、即时记录事件相关信息,包括伤病幼儿个人信息,幼儿受伤状况,给予紧急救助的情况,联系家长或监护人的情况,孩子的最终情况,事后沟通与心理疏导情况等。记录的内容要做到详细、客观、准确。

任务五　幼儿安全意识的培养

学习目标

知识目标：能掌握并描述幼儿园的不安全因素和幼儿安全自护教育的内容，懂得如何培养幼儿安全意识。

能力目标：能按照幼儿安全工作要求，主动获取并整理有效信息，正确开展岗位情景演练，乐于展示成果、善于总结反思，提高培养幼儿安全意识的能力。

素养目标：能积极参加学习和实操，强化责任意识和生命意识，涵养教育情怀，提高综合素养。

学习准备

资源预学：

微课视频资源：幼儿园的不安全因素，幼儿安全自护教育，幼儿安全意识培养工作

实操视频资源：幼儿园安全教育活动

资料收集：

通过互联网查找、图书馆查阅、调研咨询等方式收集并整理幼儿安全意识培养的相关资料。

情境描述

《幼儿园教育指导纲要(试行)》中指出,要密切结合幼儿的生活进行安全、营养和保健教育,提高幼儿的自我保护意识和能力。由于受生活经验的局限,幼儿对安全问题往往没有足够的认识和防范。因此要将安全教育工作置于幼儿一日生活与学习中,加强幼儿安全知识学习和安全意识培养的力度,提升幼儿的安全素养,为幼儿的安全打下坚定的根基。

引导问题

幼儿园户外活动课上,天天正在秋千上高兴地荡来荡去,几名小朋友也热心地在后面推他,可是忽然之间,秋千的一侧铁链发生断裂,天天从秋千上跌下,造成左腿骨折。幼儿园的玩具年久失修,幼儿园未能及时更换已陈旧老化的器械,形成了安全隐患,同时教师也未能及时发现存在的问题,从而导致了事故的发生。

1. 作为一名保育师,你认为幼儿园的不安全因素有哪些?

____

____

____

2. 作为一名保育师,你认为幼儿安全自护教育包括哪些内容?

____

____

____

3. 作为一名保育师,你认为可以通过哪些途径培养幼儿的安全意识?

____

____

____

任务实施

幼儿安全教育工作情景演练

实施背景

幼儿对外界事物普遍存在好奇心与探索的欲望,但由于缺乏认知能力,在日常生活中幼儿的许多无意行为会导致他们身处危险之中。对幼儿来说,安全意识缺乏、自我保护意识薄弱、自我保护能力不强是普遍存在的问题。如今安全教育愈发受到教育界和社会的关注，幼儿园也要注重将安全教育落实下去，将幼儿的安全教育工作摆在重要位置，让幼儿学会保护自己。

实施准备

实训环境：幼儿园仿真实训室、网络学习终端。

组建小组：学生按照“同组异质、异组同质”原则自由组建，每组4—6人。

实施内容

借助线上线下各类资源，选取某个幼儿安全教育问题，开展幼儿情景演练。

实施过程

1. 教师向各小组提出任务要求；
2. 各小组按要求开展研讨、撰写方案；
3. 各小组按本组方案进行演练准备；
4. 各小组依次进行情景演练展示，演练的同时有小组成员在一旁解说。

解说词：

____

____

____

实施反思

1. 其他小组的展示，你最喜欢哪个？试对其进行评价。

____

____

2. 看过其他小组的展示后，你认为本组的展示有哪些地方可以改进？

____

____

3. 通过参加幼儿保育工作情景演练，你有哪些收获和感悟？

____

____

讨论记录

____

____

____

巩固练习

【单选题】

1. 防拐骗的方法是要教育幼儿记住(　　)的姓名、电话号码、家庭住址,知道父母的工作单位。

   A. 父母的朋友　　B. 老师

   C. 自己和父母　　D. 自己和老师

2. 安全标志一般由(　　)、几何图形、图形符号构成,其目的是引起人们对危险因素的注意,预防事故的发生。

   A. 安全色　　B. 图案

   C. 三角形　　D. 圆形

【判断题】

1. 为了让幼儿快速进入午睡状态,保育师可以让幼儿带着自己喜欢的发卡或小玩具睡觉。(　　)
2. 幼儿之间可以趁着吃饭的时候多聊天,增进与同伴的感情。(　　)
3. 要把安全教育作为一项重要的内容,有意识地渗透到教学活动中,引导幼儿掌握安全知识,提高安全意识。(　　)

任务评价

任务评价表

班级:　　　　姓名:　　　　学号:

评价项目	评价内容和标准	个人自评(0—20分)	小组评价(0—30分)	教师评价(0—50分)
知识技能	能掌握并描述幼儿园的不安全因素和幼儿安全自护教育的内容,懂得如何培养幼儿安全意识。			
职业能力	能按照幼儿安全工作要求,主动获取并整理有效信息,正确开展岗位情景演练,乐于展示成果、善于总结反思,提高培养幼儿安全意识的能力。			

续表

评价项目	评价内容和标准	个人自评 (0—20分)	小组评价 (0—30分)	教师评价 (0—50分)
职业素养	能积极参加学习和实操,强化责任意识和生命意识,涵养教育情怀,提高职业素养。			
总评分				
任务反思				

学习支持

一、幼儿园的不安全因素

(1)幼儿园的设施设备方面,有些幼儿园设施设备老化,没有及时维修,比如户外大型运动器械松动、户外活动场地不平整等;有些幼儿园电源插头安装不达标、建筑物转角处及家具棱角坚硬等,这些都容易引发安全事故。

(2)保教人员方面,保育师粗心大意,没有在该提醒幼儿注意安全的地方及时提醒幼儿,比如上下楼时没有及时提醒幼儿不要拥挤,户外活动前没有提前检查户外器械设备,户外活动时没有及时提醒幼儿不要打闹等;有些保育师把热水瓶放在幼儿能碰到的地方,有些保育师没有把消毒液放在安全的地方,还有些保育师把幼儿落在已开消毒灯的活动室里。

(3)幼儿方面,有些幼儿性格冲动,攻击性强,缺少规则意识,在集体活动时容易因争抢玩具而发生打伤事故。

二、幼儿安全自护教育的内容

(一)日常生活中的安全自护教育

(1)身体保护教育:教育幼儿保护眼睛、嘴巴、耳朵等五官。如不玩剪刀或木棍,防止眼外伤;进餐或饮水时先用手摸摸碗或杯子,以免烫到嘴巴;听音乐或看电视时音量不可过大等。教育幼儿保护皮肤,知道冷暖,懂得加衣脱衣的常识,防止受凉感冒。教育幼儿懂得男女有别及其主要特征,不要随意玩弄自己的生殖器,不要随意暴露自己的身体，以防坏人借机伤害。

⑵饮食安全教育：教育幼儿不乱吃没有生产标志的东西；不吃腐烂、变质、有异味的食物；进餐时应细嚼慢咽、不嬉戏打闹，以免食物进入气管；学会辨认药物和一些容易和饮料混淆的有害物品等。

⑶睡眠安全教育：教育幼儿不能嘴里含着东西睡觉；不把玩具带到床上玩；教育幼儿注意正确的睡姿，不能蒙着头睡觉。

⑷卫生安全教育：教育幼儿在日常生活中养成良好的卫生习惯。知道饭前便后要洗手，不吃未清洗的瓜果；不含手指，不啃手指甲，不挖鼻孔与耳朵，不用脏手揉眼睛；睡前要洗脸、洗脚、刷牙漱口等。

⑸玩具安全教育：教育幼儿不能拿玩具和同伴打闹；玩大型玩具滑梯时，教育幼儿不拥挤；玩跷跷板时，要坐稳，双手抓紧扶手，以免摔伤；玩小型玩具如玻璃球时，不能将其放入耳、口、鼻中，以免造成伤害。

⑹行路安全教育：教育幼儿过马路要走人行横道，注意来往车辆，不能在马路上停留和玩耍；教育幼儿认识红绿灯等交通安全标志，知道“红灯停、绿灯行”等基本交通规则；行走时手不插在衣兜里，注意地面安全，会躲避障碍物等。

⑺认识安全标志：保育师在教师的指导下，可以从以下几个方面指导幼儿认识常见的安全标志，开展以“安全标志”为中心的主题教育活动，引导幼儿通过“认识安全标志”“了解安全标志的意义”“自制安全标志”等活动掌握必要的安全知识，知道一些突发事件的处理方法，提高安全意识；带领幼儿到街道、十字路口等处，实地寻找各种安全标志，并结合现实生活，鼓励幼儿自由讨论这些安全标志的重要性，以及遵守安全规则的重要性。

【拓展延伸】

安全标志，一般由安全色、几何图形和图形符号构成，其目的是引起人们对危险因素的注意，预防安全事故的发生。

我国目前常用的安全标志，根据其含义，可分为四种：

⑴禁止标志：即圆形内画一斜杠，并用红色描画较粗的圆环和斜杠，表示“禁止”或“不允许”的含义。

⑵警告标志：即“Δ”，三角的背景用黄色，三角图形和三角内的图像均用黑色描绘，警告人们注意可能发生的各种危险。

(3) 指令标志：即“O”，在圆形内配上指令含义的颜色——蓝色，并用白色绘画必须履行的图形符号，构成“指令标志”，要求到这个地方的人必须遵守。

(4) 提示标志：以绿色为背景的长方几何图形，配以白色的文字和图形符号，并标明目标的方向，即构成提示标志，如消防设备提示标志。

（二）意外情况中的安全自护教育

(1) 防拐骗：教育幼儿记住自己的园名、家庭住址、父母姓名、联系电话和工作单位，并会清楚地表达；不随便跟陌生人走或接受陌生人的玩具、食品；会使用电话，知道遇到危险时向他人求救或拨打“110”电话报警。

(2) 防触电：教育幼儿不接触电插头、插座等，不随便玩电器，不拉电线；不在靠近电源的地方玩耍；认识高压电的标志，并远离它们。

(3) 防溺水：教育幼儿不能私自到河边玩耍；不能将脸闷入水中；当同伴失足落水要及时大声喊大人抢救；知道“120”急救电话。

(4) 防火：懂得玩火的危险，不在火源附近玩耍；不玩火柴、打火机；认识防火标志；知道身体着火了如何自救；知道发生火灾时的逃生方法；了解消防栓、灭火器的用途；知道“119”火警电话。

三、幼儿安全意识培养的工作

(1) 营造安全良好的物质环境和教育氛围。幼儿园应结合幼儿年龄特点，结合教育实际进行个性化布置，力求让每一块墙面“说话”，每一个角落育人。如在洗手间设计幼儿正确洗手的步骤图，地板上贴上“小心地滑”的提示语；在茶水间设置安全标志，提醒幼儿排队接水，小心烫伤；在走廊、楼梯等处贴上“靠右行走，不要拥挤”的标语；在电源插座旁边张贴禁止触摸的安全标志；还可在专题展板张贴以“学会自护”“逃生演练”等为主题的照片和图片，组织幼儿参与设计安全标志等活动。通过富有特色的安全文化建设，营造祥和、平安、积极向上的育人氛围。

(2) 将安全教育与幼儿园教学活动相融合。要把安全教育作为一项重要的内容，有意识地渗透到教学活动中，引导幼儿掌握安全知识，提高安全意识。如在语言领域活动中，通过看图讲述、学习安全儿歌、阅读绘本故事等帮助幼儿掌握安全知识；如电在生活中无处不在，可通过科学领域相关活动让幼儿懂得如何安全用电、掌握触电的自救知识等。

(3) 充分利用区角活动，加强幼儿安全教育。如在美工区，幼儿可制作红绿灯标志、电源标志、小心触电和禁止游泳等标志；在图书区可投放安全教育相关绘本，供幼儿阅读；在益智区可投放各类安全标识、特殊号码连线图等；在角色区，幼儿可参与到以“着火了”“迷路了”为主题的角色游戏活动中，在愉快轻松的游戏中增强安全意识和自我保护能力。

(4) 开展安全应急演练活动。安全演练是让幼儿直接处于类似真实“危险”情境中的安全教育方式，能有效帮助幼儿学习掌握正确逃生、自救的方法，获得应对突发危险的经验，提升安全意识和自我防护能力。幼儿园要经常开展防溺水、防拐骗、火灾逃生、地震逃生等安全演练活动，通过亲身体验的方式帮助幼儿了解逃生技巧、懂得安全知识的重要性，继而提升自我保护能力。

(5) 养成良好的生活安全习惯。良好习惯的养成能帮助幼儿避免伤害。保育师应注重在幼儿入园晨检、进餐、喝水、洗手、户外活动、离园等一日生活的各个环节，通过行为练习、正面教育、连续教育、树立榜样等方法，对幼儿进行生活安全教育，帮助幼儿养成良好的行为习惯。如睡觉要把头露在被子外面；正确有序的穿衣能够保护身体；上下楼梯时应靠右侧走；进餐时避免嬉笑打闹，以免气管中进入食物等。日常生活中的随机、偶发事件也是对幼儿进行自我保护教育的良好契机，保育师要善于捕捉这些有效的教育时机，及时进行安全教育。

(6) 家园共育，形成安全教育合力。幼儿安全意识的培养需要家庭、幼儿园的共同努力。幼儿园要强化与家长的沟通联系，通过定期召开家长会、举办沙龙活动、发放家园联系手册、举办安全教育讲座等方式了解家庭中易出现的安全问题，对幼儿家长做帮助指导，提升幼儿家长安全意识和教育能力，引导其在幼儿安全教育上与幼儿园达成共识，形成安全教育合力。同时应引导家长注重幼儿独立意识的培养，鼓励幼儿做力所能及的事情，让幼儿在日常生活中学习掌握更多自我保护的技能，真正将安全教育落到实处。